NEENERGY

The Power of G-bye

每天來點負能量

失落的壞話經典，負負得正的人生奧義

鍵人｜林育聖——著

目次

序

粉絲團是爆紅的。

一開始粉絲團只有一、二十個人而已，直到某一則貼文出去，當我再發現時，已經超過好幾萬人了。

大量湧入的粉絲，好像看到新世界一樣，紛紛的點讚留言與瘋狂轉發我的每一則貼文。

是什麼東西讓他們這麼好奇？連我自己都覺得好奇了。

看了看大家所說的，原來是因為「負能量」的關係。

負能量在我們社會上的位置，應該就好像 A 片、性慾一樣，是每天都有，可是大家卻會告訴你不可以有的東西。

有些人說

看負能量久了會變負面思考

我笑了

說得好像你有在思考一樣

説你負面思考會帶來失敗，説你負能量會讓人心情不好，説會對你帶來不好的影響，然後説不可以散發負能量給別人。

要當一個積極正面的人，當一個正面思考的人，當一個能散播正能量的人。

這不是很詭異嗎？就好像説你不可能有性慾，卻又要你生小孩一樣。

人性不是禁止就會消失，過度禁止，反而會扭曲。

我們的價值觀長期被扭曲，這個社會充斥著太多的正能量，讓我們根本不像個正常人了。

於是我用這個看起來離經叛道、違反社會善良風俗的話題，一肩擔起了新的角色，站到正能量的另外一面，要用一己之力，來向整個社會散播負能量。

負能量是什麼？

是原本就存在我們生活周遭，但你卻視而不見、充耳不聞，用正能量假象去掩蓋，用假裝積極的態度去逃避的真實人生。

這個粉絲團之所以能得到廣大迴響，是因為那些在正能量中跌倒受罪、一輩子受積極正向思考所苦的悲慘人們，終於在這裡得到了慰藉與認同的關係。

而在爆紅後的那一個月，我也收到了大家累積許久的滿滿負能量，好像整個社會的負能量都傾洩到我身上一樣。不得不說，效果還是蠻驚人的。還好我的心已夠堅強，除了生場病發個燒之外，我很快就振作起來，負負得正的力量遠比強灌正能量迷湯要來得有效。

現在出書了。買下這本書的你，想必應該有看過粉絲團，要不然這樣離經叛道的主題，應該不會出現在你眼裡。

畢竟光看書名，誰會想要讀一本可能讓自己心情不好的書呢？

但事實上，會讓你心情不好的不是書，而是你的人生。

現在這個時代要說些話
說實話需要勇氣
說謊話需要創意
而大多數的人

則是沉默比開口更有價值

這不是一本勵志書，就是真實人生而已。

如果你看了書的內容，一笑置之、感到有趣，恭喜你，你應該有健康完整的心靈與人生。

如果你覺得憤恨不平，覺得都是歪理而且莫名其妙，那你或許真的活得莫名其妙。

如果你在某些章節捧腹大笑、某些章節低思不語、某些章節默默點頭，那麼，你應該正在經歷人生的新階段。

願你開啟此書能得到滿滿的負能量，讓你的人生負負得正，誠實的面對人生，不再活在只有假象的世界。

負能量不是什麼大道理。

就只是你我真實面對的每一刻人生。

PART

1

每天來點負能量，
負負得正好心情！

1

是你誤會了負能量

從負能量粉絲團開始紅了之後，最多人喜歡留言跟我吵的就是：「這不是負能量！這也太正能量了吧！」

一開始我都會回這類留言，結果有天突然覺得好氣。我想這真的也很奇怪，要是在一些積極正面向上的假掰粉絲團裡，有人留言說「謝謝提供正能量」之類的話，大家一定是感謝再感謝吧。

但這其實只是代表著，每個人都有自己的認知，因背景和教育不同而有所差異。

過去人們常說不要散發負面訊息、不要負面思考，要傳遞正面能量；於是

不順利嗎？
多照照鏡子

很多事情你就明白原因了。

大家都覺得負面能量是不好的。

誰說的？

每一個人都跟你說成功是好的、失敗是不好的，我們要努力向上、積極進取，才能追求更美好的人生，讓社會更進步。

誰說的？

這個粉絲團出來時，許多人都覺得天啊！好神奇啊！居然有人這麼正大光明的在傳達負能量耶，也太離經叛道了吧，哇，但是又好好笑喔我的天。

所以我就回：是你們誤會了人生。

不是積極向上進取才是人生，墮落沉淪消極面對也是人生。

不是成功賺大錢才是人生，失敗蹲路邊也是人生。

不是你的人生才是人生，我的人生也是人生。

為什麼非要去定義什麼是什麼呢？為什麼你的負能量才叫負能量，我的負能量就要迎合你的喜好才可以是負能量呢？

這就是被框架限制太久了，死腦筋啊。

我在粉絲團寫的語句，有些好笑、有些消極、有些很蠢、有些很酸；有些讀起來也很正面積極，讓人獲得力量。

這些都是我所認為的負能量，是我們在這世上曾經感受到的惡意，存在於我們生活周圍的負能量；並非只有和「正面」相反的才叫「負面」。

某些人的人生追求了那麼久的定義，這是多麼可悲的事，你說這還不夠負能量嗎？

所以後來我都不再回這些留言了，如果這麼喜歡追求負能量的定義，我希望他的人生好過一點，但我想應該是不太可能。

大家都只是在追求自己認同的事情，也避免自己的認同被質疑，因此才會不斷地想去教育別人，把自己的觀念灌輸到他人身上。

樂觀的態度與安慰的話
過過日子還可以

當遇到困難與挑戰時
一點幫助都沒有

這類型的負能量，這社會上滿滿都是。而我的負能量，就只是生活的一部分——不太開心的那部分而已。

順帶一提，這本書要帶給你的，正是有關於人生的負面、消極、墮落與失敗。這是讓你誠實面對人生的一本書。

2

抱怨是好事

一般所謂的「負能量」，大概最多就是指抱怨了吧。

很多成功人士或是一些熱愛積極正面思考的人們，都會強調「不要抱怨」；好像抱怨多了，就會成真似的。但明明許願許久了也沒有變成真的，為什麼不能抱怨呢？

說到底，是大家誤會「抱怨」這回事了。事實上，會抱怨的人，正是能看到問題的人。

很多人討厭別人抱怨，是因為那些抱怨的人只是說說而已，並沒有付諸行動改變——其實，大家討厭的是嘴炮，不是抱怨。

有人說不要常抱怨
因為生活就好像
如人飲水冷暖自知就好

我想問你被熱水燙到不會大叫嗎

有時候我們討厭的

並不是事實本身

而是說出事實的那個人

但嘴炮的人到處都有，像是一堆政客，還有一堆老闆跟主管，他們都喜歡用嘴巴說未來，但實際上根本沒有行動。他們不會抱怨，也不代表他們比較努力向上，只代表著他們連問題在哪裡都看不到。

抱怨，是對生活中許多問題的反應。

比如說，我們會抱怨馬路不平，是因為我們每天都得騎車上班，不像那些大老闆與高官，乘坐避震良好的轎車，當然無法發現馬路的問題。

又好像我們也經常抱怨薪水還有加班沒加班費，這顯示出國家的經濟在下滑、環境在惡化、競爭力在衰退。而官員們一樣正常上下班、領加班費，所以他們根本就不知道現在環境變的這麼差，還自以為是年輕人不認真不努力呢。

還有，我們也會抱怨買不起房子、討不到老婆，這也是因為物價太高，與薪資不成正比。但老一輩不會知道，因為他們那一代根本沒有這樣的問題。所以，要是我們不抱怨一下，恐怕他們還不知道現在年輕人的處境有多慘呢。

「抱怨」之所以會被認為是不好的，就是因為大家討厭說出事實的人。

所以，如果員工抱怨公司的制度，許多老闆就會不開心地說：「不要當愛抱怨的人，公司給你薪水不是要讓你來抱怨的。」

或者當有人抱怨空氣真的很差、生活品質越來越糟了，這時也常常會有人跳出來說：「不要當愛抱怨的人，我們有得住有得吃就不錯了。」

當有學生抱怨：「教授教的很差耶，都聽不懂在講什麼。」自然就有人會說：「教授很偉大的，是你自己不認真。就算教授口齒不清，你也要學著問啊！」

大家經常覺得，抱怨的人就是有問題的人。但事實上，抱怨的人只是把發生在自己身上的問題說出來而已。當然，這個問題有可能是因為此人的條件太差而產生，但也可能是大家根本不願意正視這一個問題。

為什麼有錢人都不抱怨？不是因為他們不抱怨所以才變成有錢人，而是因為有錢所以不需要抱怨。但不抱怨的窮人，只會被忽視而已，因為人們根

有些人即使生活不盡如意

也是看得很開

不是因為看透這世界

而是因為不得不這樣想

才能讓自己好過些

本不知道他們有什麼問題。

所以，抱怨明明是好事；嘴炮才是不好的。

我們要多抱怨，找到問題、發現問題。如果問題出在自己身上，就想辦法改；在別人身上，就想辦法不要被影響。

正因為有怨，才需要説出來讓大家知道。

抱怨是我們向這個充滿問題的社會，發出的抗議。

而不是活在粉紅色的假象之中，還催眠自己一切都好。

3

沒有人天生玻璃心

玻璃心的人其實很可憐。

長期活在假象之中、害怕被拆穿，所以無法接受別人的意見。不管那些意見是真是假，只要跟他們的認知抵觸，他們就會暴怒生氣，因為他們不容許自己的世界觀出現雜訊，只能一心向前。

例如在負能量粉絲團的留言中，時常會看到這樣的言論。

「這根本大錯特錯。」

「我不敢相信居然會有人寫這樣的東西。」

「廢文一則。」

或者像之前提到的，有些人總是想糾正我的觀念，試圖用他們的經驗來說明我是錯的，甚至留下長篇大論來解釋。

重點不在於他們的行為。畢竟每個人觀念不同，如果只是不認同，想跟人分享他們的想法也就罷了，都歡迎大家討論分享嘛。

但玻璃心的人其特質就在於，他們又說不出來到底哪裡錯了。

他們經常無法完整地論述自己的想法，在長篇大論中，大多充斥著個人的情緒和感覺。再來是，他們的語氣也多半是一種「上對下」的指導感，指責你這人怎麼會有這種偏差的觀念，但也說不出什麼叫偏差、什麼又是「正確」的觀念。當然，也有直接謾罵的。

這類型的人，當然不只存在於負能量的粉絲團，社會上到處都是。

不容許別人破壞他們的世界觀，喜歡為自己認知中的世界定下規則，並且厭惡一切不守規則的事物。

他們對體制內的所有事物容忍度很高，對於自身愚蠢所造成的後果也有很

越是沒有能力改變自己生活的人

越喜歡批評別人的改變

其實不需要靠你的打擊

我也知道自己的脆弱

高的容忍度，但卻對別人的小小錯誤感到不安。

他們自認已看見真理，而他們永遠走在真理的道路上，還努力把別人拉進這條道路。他們不喜歡叉路，最好有萬能的天神給他們唯一的路線。

他們相信，一切成果都來自於個人的努力，並相信社會充滿公平正義，成功人士都是靠自己的努力才成功的，社會賢達也必定會回報社會。

他們相信公司有公司的策略，相信政府是聰明為人民好的，覺得抗議會打擾別人，都是些不認真的人才會透過體制外的力量來達成目的，是粗暴的。

他們很少抱怨，很多感恩，對別人的抱怨覺得煩厭，心裡又偷偷鄙視著那些條件不如他們的人。

他們的心靈是脆弱的。因為少有省思、很少向內思考，仰賴他人的思想灌概，卻覺得自己充實美好；更覺得只有自己是獨立思考的個體，別人都是被操弄的。

或許這些可憐的人，在小時候也曾經思考過人生吧。但又被長輩教導，只要好好讀書、努力向上，成為社會上有用的人就好。於是他們放棄思考，放棄心靈的成長，無法面對內心的聲音，繼續活在假象之中。

玻璃心單純，卻也可悲。因為他們賴以為生的世界觀已經隨著時代逐漸消逝，社會上有越來越多的聲音會跑進他們耳裡。他們不敢去聽，只能選擇逃避；真的聽到時，就只能用憤怒來反應了。

沒有人天生玻璃心，但我們都可能變成玻璃心。

當我們不再開始思考，也無法包容別人的聲音時，那顆心，就越來越脆弱，脾氣也越來越大。

最後，將破碎的玻璃，刺傷身邊的每一個人。

4

正能量有用嗎？

我們從小就聽過不少「正能量金句」，甚至可以說，我們一直以來聽到的都是這些。甚至在我們要安慰或教導他人時，也總是忍不住要拿幾句「正能量金句」來說嘴。

但每一個被安慰過的人都知道，那些正能量金句根本沒用！

失戀了，一定會有人跟你說：「別難過了，下一個會更好。」你心裡會想，但我就不想要下一個，我只要這一個啦！

應該也有人會安慰你：「他配不上你，你值得更好的。」你恐怕也會覺得，我又沒有嫌棄他！我都願意和他配了，又怎麼會想要更好的？我只想要他對我好啦！

總是問別人為什麼心情不好的人

真的很煩

明明沒辦法給予什麼幫助

卻要假裝關心有用

還有一句常用金句：「你要多愛自己一點！」此時你八成會覺得，我愛自己有屁用啊？又沒人愛我！一輩子跟自己玩就夠了喔？

當你求職不順時，朋友們也經常會說：「是他們不懂你的價值，你只是還沒遇到伯樂。」你心裡大概又要怒吼了：我不需要他們懂我的價值，我只需要他們給的價碼！

或者也有人會說：「別擔心，要堅持你喜歡的事。」但誰喜歡工作了？我喜歡的就是輕鬆過一輩子！是銀行戶頭都要沒錢了，所以才需要工作嘛！

諸如此類的安慰，不管是任何一種，都無法讓你的心情好過一點，也對你當下的狀態沒有幫助；甚至會讓你看不到問題，找不到原因。

這世上的正能量，原本就是為了掩蓋這世界醜陋的真相，所發展出來的包裝紙而已。包裝紙一拆開，你會發現裡面的東西又爛又糟，讓你的心情從期待瞬間變成失望，反而一落千丈。

相對於這世上已經氾濫的「正能量」，「負能量」不過是平凡生活的真面

目而已。

當你失戀的時候，你就該知道自己有多糟──當初眼光怎麼那麼差，看上那麼爛的人？或者你根本就是個爛情人，一點也不溫柔體貼，活該現在會失戀。

當你找不到工作時，你就該知道誰叫你當初不好好考上一間好學校，也不好好學些技能，長得不夠帥家裡又不有錢，現在誰想找你去浪費公司的錢啊？

這樣很負面嗎？如果上述事實讓你覺得負面，那你才應該想想，自己過去活在怎樣的世界裡。

我們每個人在成長過程中，都接收太多無謂的正能量了。尤其許多師長，總是散播過多無意義的正能量，在我們真正碰上挫折時，卻又給我們惡意的評價與態度。

當我們被教育「努力就會有回報」時，考試狠狠地打臉我們；當我們被教

有時候覺得別人很膚淺

這不是偏見

因為他真的只是在敷衍你

育「人生不是只有一條路」時，面對挫折我們無力改變；他們總說要堅持夢想，但社會價值觀卻不斷地掌控我們的方向。

當人們告訴你要「做自己」時，其實說的是：只有成功了，你才是自己。否則你的「做自己」，不過是沉淪的藉口罷了。

因此在正能量的強光不間斷地照耀之下，我們會發現自己黑暗的倒影，被越拉越長……直到某一天將我們吞噬。

當你沮喪難過、悲傷無助時，就別再接收那些正能量了。

你必須看清這世間的真相，開始學習對自己的條件充份認命。

如此，看到書中的「負能量語錄」時，你只會哈哈大笑，然後回頭繼續面對自己的人生。

5

我們都是正能量的犧牲品

不只是台灣，許多社會的主流價值觀總是提倡這樣的事：積極向上，出人頭地，樂觀進取，正面努力。

版本很多，但大抵就是強調「進步」與「成功」。

很奇怪的是，先不說什麼是成功的定義，或者每個人對成功都有不同的定義，就說到底為什麼一定要成功呢？

從小我們讀偉人的故事、聽傑出人士的故事，可以發現一件很特別的事：那些傑出人士本身並不覺得自己成功，他們只是努力去做自己覺得該做的事。

成功，是他人附加於其上的評語；出人頭地，則是相對於他人的埋頭苦幹。所謂的成功人士，除了完成自己的夢想，也必須符合這個社會所期待的價值條件，才稱得上「成功」。

所以，為什麼正能量金句看多了還是覺得沒用呢？

因為大多是還沒成功的人在傳頌這些句子，他們透過這樣的教條語錄尋求慰藉、逃避自己能力不足的事實。

當正能量金句說：「別在意別人在背後批評你，那是因為你站在前方。」

但事實上，就是因為你無法完成這個社會的期待，所以才會遭受批評啊。誰管你站在哪裡呢？

例如整天嚷嚷著要完成什麼遠大的夢想，結果毫無行動，說了好多年什麼事都沒做到，出一張嘴作夢，三不五時還喜歡分享其他人的成功名言。很多時候，不是你失敗了人家才批評你，正是因為你什麼事都沒做，還愛說一堆鬼話，才會被人批評啊。

有些人只看到單一事件

就以為別人都是過怎樣的生活

就好像看到有人在賓士上哭

就覺得有錢人都過得不開心

其實人家剩下時間都開心的很

一個白手起家的老闆，不偷不搶不騙，靠著好手藝努力賺錢。後來得到投資，有機會開了大公司、賺更多的錢，成了億萬富翁。他不偷不搶不騙，東西好又用心，大家也買的開心快樂。如果這位老闆説，「沒有汗水與血水，就沒有成功的淚水。」大家一定給他拍拍手！

另一個老闆，靠著政商關係良好，把農地改建地、便宜蓋高樓，然後高價賣出，用賺來的錢開工廠，生產一堆偷工減料的商品，砸大錢做宣傳做行銷，最後賺了筆大錢。如果他被寫進成功人士的故事裡，還自稱「哪兒有勤奮，哪兒就有成功」，請問大家也要給他拍手鼓勵，叫孩子們學習嗎？

如果成功只是賺大錢、得到名聲與權力，那我們崇尚這樣的成功意味著什麼呢？不過是鼓勵人們對這樣的人投以羨慕的眼光，鼓吹這種結黨營私、欺詐他人的行為罷了。

是「正能量」讓我們看的太狹隘了。

總是用羨慕的眼光看待他人的致富與名聲，因此最後也只能以這種膚淺的成就來評斷一個人是否成功。

平凡人如你我的夢想，無非是找到能相伴一生的人，或許生幾個小孩，有間房子，一家人平安健康。如果有人為了這樣平淡的幸福，努力一生達成這個願望，最後終老死去，那他，就是我們該學習效法的成功人士。

我們被正能量荼毒太久了，才會忽略了這樣微小的成就有多可貴。只想追逐大夢想大成果，卻忘了，這世上最多的終究是平凡人。

每一個人，都不必去追求什麼出人頭地才叫成功。

只要讓自己說出口的每一句話，都心安理得。

你這麼努力，
也沒有多厲害啊。

1

人生像罐頭

這社會的價值觀有個地方很神奇，就是充斥著開罐頭理論。

意思是，我們的人生所做的每一個動作都像開罐頭一樣，不斷地打開新的罐頭，然後有一天，罐頭裡會跑出一個新的東西，來改變你的整個人生。

所以我們把考上好學校、交到好朋友、進大公司、讀某幾本必讀的書、學習成功人士的好習慣……等等這些東西，都包裝成一個個精美的罐頭，然後教育你：這個罐頭很棒，打開後，你的人生就會不一樣了。

於是我們不斷地打開別人的罐頭，過著不屬於自己的人生。

罐頭裡的東西有些還很好吃，所以被做成了雞湯，俗稱「心靈雞湯」——這詞真的很妙，雞真的很無辜，被燉成湯了，還要救治別人的心靈。

有時候你覺得自己很平凡
就是個普通人
別難過，還是有機會特別一點

當個特別普通的人

大多數愛嚷嚷做自己的

不過是因為能力太差

無法扮演好社會的角色而已

於是就出現一堆成功故事、一堆勵志文章，還有一堆鼓勵人們要努力要認真，累了就喝碗雞湯再繼續上的激勵大師。

罐頭越賣越貴，他們錢越賺越多，你的人生卻越過越糟。

所以我也來賣罐頭，但一打開會臭死你，因為人生就是這麼臭。

你被那些罐頭的香氣給吸引，聞不到人生的臭味，結果像中毒一樣每天都催眠自己要努力、要成長、要認真，幻想有一天能開到一個絕世好罐，一舉改變你的人生。

人要是傻，就不要隨便吃罐頭了，會讓人家發現你真的是傻，爭相要來賣你罐頭。

人生就是人生。有錢的人好過些，沒錢的人難過些；長的漂亮好過些，長的醜難過些。爸媽有努力，你就可以少努力一點；爸媽沒努力，你就要自己多努力。

人生就這些道理，剩下的罐頭道理都是要賺你的錢而已。

這個社會打造了成功人生的樣貌，讓你去追逐虛幻的泡沫，好方便賣你更多的罐頭、持續賺你的錢，讓你一輩子在那邊空打轉。

而你每天吃了罐頭，期待明天會更好。結果明天得到的，就是一坨大便而已。

我的人生道理很簡單，就是四個字而已：充份認命。

認清你長什麼樣子，認清你的家世背景，認清你的努力有多少，認清你到底是什麼。別整天妄想著會成功會飛黃騰達，是路邊的村民就扮演好自己的角色，給勇者拍手鼓掌就好。就算這輩子都要辛苦的過，誰叫自己長得醜呢？苟且偷生，好歹過的也還是自己的人生。

從來沒有可以複製的人生，那又何來可以複製的人生方法？別再開罐頭了，裡面永遠沒有你需要的營養。

得過且過的過這一輩子，然後成功的老死在自己的床上──這就是幸福的人生了。

努力了這麼多年

凡是有點天賦的

也該有點成功跡象了

2

做自己很累

我常説一句話：做自己很累的，照別人説的做比較輕鬆。

大多數喊著要「做自己」的人，根本沒有想過自己是什麼，只是講爽的而已。他們走的路線根本是別人老早就走過的，不過是其中一個盜版而已。

也有些喊著要「做自己」的人，其實是無法接受他人的評價，覺得自己的努力被抹滅、感到哀傷難過，於是只好喊著要做自己，不接受外界的評價。但事實上，他們根本超想要得到別人的贊同，只要有人支持他，他就會覺得自己好有價值、好棒；有人批評他，他就會説你們不懂我的價值。

基本上那些喊著要「做自己」的人，都只是想得到認同而已，好讓他感受到「自己」真是有價值啊。

其實，我們每一個人本來就是在做自己。不論是模仿別人或學習別人的腳步，我們都是在做自己。

不這麼認為的人，只是因為他們不滿意現在的自己罷了。在他們幻想中的自己，會是很棒、很厲害的。自以為是別人限制了他，但事實上，根本就沒有這樣的人。

這麼糟的你，就是你真實的樣子。

你披不上別人的皮，穿不下別人的衣服，學不了別人說話的方式，也承擔不起別人的光環。

你努力地想學別人，卻發覺自己的能力遠遠不足，於是只好幻想出一個理想的自己，然後怪罪於他人的批評，把自己的錯誤當作是別人教壞你、給你了很糟的評價。

但外界的評價，就是在說你這個人「現在」真的很糟而已。誰會知道什麼是「真正的你」？大家只會看到你的表現而已。

不管你有沒有被討厭的勇氣

都改變不了討人厭的事實

難道政治人物可以這樣說嗎？「請你們投票給真正的我，那些貪污、偷懶、無腦的我，都不是我。我要做自己，請大家投給真正的我，謝謝！」

這種話你會信，就是因為你相信了「真正的自己」這種鬼話。

才沒什麼「真正的自己」，你又不是蝙蝠俠或鋼鐵人。你所做的每一件事，就代表著你這個人的能力與思想。

罵髒話的你是你，口出惡言的你是你，睡覺流口水的你是你，摳腳挖鼻孔的你還是你。

每一個你都是你，真實的你就是長這樣、做這些事，別人的批評全都是針對真正的你。

你只是不敢承認自己有多糟糕，才會假裝自己還沒有真正做自己。

就好像考試考不好的人，會假裝自己沒讀書。

跑步跑輸的人，會說自己沒認真跑，覺得比賽很蠢。

作文寫不好的人，會說自己沒認真寫，題目太糟。

一開始所說的「做自己是很累的」，指的當然不是這種「做自己」。

而是認真思考過人生的道路，決定自己的現狀，想像自己想成為怎樣的人，有堅定的信心以及屬於自己的是非觀念和價值觀，虛心接受他人的意見，認真面對每一次失敗，聆聽與理解他人的批評。

然後走出一條沒有人走過的道路。

這，才是真正的做自己。

這樣的做自己，不論是平凡還是非凡，都是很累的。

因為他們走的，都是沒有人走過的道路。

摸索人生，很累的。

一些人愛說的

我自己的價值我自己懂

只是為了掩蓋

別人並沒有興趣

去瞭解你廉價的價值

3

充份認命

你覺得自己認命嗎？

或許是，或許不是。但為什麼呢？

說自己「很認命」會讓你有什麼感覺呢？是不是很羞愧、很無力，覺得自己好像很糟糕？

但為什麼會這樣？為什麼說自己認命會讓你覺得很糟糕？為什麼認命不能是一種人生態度呢？

因為大家都教你要努力向上，要不服輸，要積極進取。你認命，就好像放棄了努力，放棄了成功的機會。

有時候我們討厭一個人
絕對不是沒來由的
誰叫他看起來
比你聰明有錢又有趣
還比你快樂有成就又受歡迎

所以我們只好比誰都討厭他

現在都在鼓勵人們跳出舒適圈

但更多人從沒舒適過

但真的是這樣嗎？

雖然負能量語錄都像是諷刺或者揶揄他人，但其實我心中知道，自己想說的是一種價值觀。

就是「充份認命」。

什麼是充份認命呢？就是你要全面瞭解自己擁有的條件是什麼，然後才來選擇該努力與追求的方向。

什麼樣的條件？就舉負能量語錄裡最常說到的三個話題——醜、窮、胖。

有些人長得醜，這沒辦法，這是天生的。想整形還得要有錢，所以長的醜的人該怎麼辦？不用重新投胎，因為重新投胎可能更醜。

你只需要認知到自己夠醜，然後不要去想你的外表可能會對你有什麼幫助，凡事只要想著「天啊我這麼醜，居然還有人願意理我！」就可以了。

當有女生對你溫柔，你可以想：「天啊我這麼醜，她還對我這麼好！她要

不是天使不在意美醜，就是惡魔另有所圖。我要好好確認一下這件事。」

當有男生對你體貼，你可以想：「這男的到底想做什麼！不可能是為了我的外表，難不成只是個精蟲上腦的男人？還是我有什麼地方符合他的癖好呢？我來好好確認一下他的目的吧。」

當你找到工作，你可以想：「這老闆人真是不錯，我這麼醜還願意雇用我！老闆不看外表應該是看重能力吧，那我要好好展現一下我的能力，不然連工作都保不住了。」

這樣是不是覺得好像充滿希望，負負得正了呢！

只要認知到自己很窮，你自然也不會去追求多餘的奢侈品。看到別人拿著最新的 iPhone，你只要想：「我這麼窮，買 iPhone 幹嘛呢？別人也不會因此就覺得我有錢，說不定還以為我用偷的！還是省下錢吧，說不定明天可以多叫杯飲料喝呢。」

對工作厭煩時，你可以想：「這工作雖然煩，但起碼有收入。我這麼窮，

如果擺錯地方

鑽石也會被當石頭

但石頭不管擺哪

都還是石頭

機會是留給準備好的人

只不過

有些人出生前就準備好了

辭職如果沒馬上找到新工作，那就更慘了，而且下一份工作薪水也未必比較多。還是在這裡努力點，多加點班，再去跟老闆哭加班費，成功機率還比較大一點。」

當你覺得生活無趣，你可以想：「生活這麼無聊，但我太窮了，還是多兼幾份工作吧。多幾個環境刺激，看會不會比較有趣。不然找個需要去國外出差的工作，賺錢還可以享受海外旅遊打工的感覺，想想好像比較有趣了。」

當你想買東西、吃大餐時，就可以想：「天啊我這麼窮，要是還把錢浪費在這種地方，那要什麼時候才可以交女朋友跟結婚呢？我也想生小孩啊，還是省著點用吧，有認識喜歡的女生再吃大餐好了。」

這樣是不是覺得上班更有動力了？連物慾都會下降不少！

充份認命，就是認清自己的條件，用這樣的條件去衡量眼前的事物。

這樣，就不會去想著不切實際的夢想，反而你會知道自己現在最該做的是

什麼：是打開履歷而不是想著旅遊，是去運動減肥而不是看 A 片滑動。

別人是正妹能享受萬人愛戴，你不是正妹就該好好學點才藝，不要人醜又怪大家只看外表，或者總是羨慕正妹有人捧。

別人有錢能把到正妹吃大餐，你不是有錢人就好好的吃路邊攤。找對象要找能一起打拼的，不必去羨慕別人的生活模式。

充份認命，認清自己的條件、認識自己的命運，有機會就抓住、沒機會就蟄伏，用自己的條件做讓自己開心的事。

一個人一種命，全看他擁有什麼樣的條件。一直去羨慕別人，絕對是過得最糟糕的一種人生。

我們都要充份認命，即使此生註定平凡。

起碼，活的是像自己的人生，而不是複製他人的次級品。

有時候你會懷疑自己的能力
別擔心
偶爾你是對的

你能力真的有問題

4

努力到底有沒有用？

我經常嘲諷努力這件事，不是因為我認為努力沒有用，而是大多數人的努力都沒有用。

我認為，只有少數人的努力是有用的。一是聰明有能力的人，另外則是已經知道有些努力沒有用的人。

這個道理並不奇怪。大多數人都努力錯方向，甚至因為能力太差，所以讓努力看起來根本沒用。

例如腦袋不好的學生，努力讀書有用嗎？或許從 20 分考到 40 分，努力讓他多得了一倍的分數，但有意義嗎？一樣是被當啊。

或者一個長得抱歉的女生，努力去追他的男神，有用嗎？她再努力都沒有

用啊。但如果是個正妹呢？努力一點可能就有用了。

這完全是條件上的差距，不是努力可以跨越的。而且很可惜的，這世界上大多數時候並不是看你努力多少來決定你的評價，都只由結果來決定而已。

像是學校的成績，你跟老師說你非常努力，老師也不會因此給你高分。你的分數還是一樣很糟，拿這樣的成績去申請其他學校也不會錄取，誰管你過程中多努力呢？

就如同你的薪水，你說你很努力工作，都沒遲到也沒犯錯，甚至做了很多讓老闆誇獎的事，但薪水還是只有兩、三萬。當朋友問起的時候，即使你告訴他們你很努力，他們也只會覺得你就是個無能的傢伙而已。

當成果決定一切時，你的努力也就沒有用。

而聰明有能力的人，他們的努力除了能夠很快地放大他們的才能，更重要的是，他們知道什麼時候該努力、什麼時候隨便做做就好。

有些事，努力會有成果，像是多運動、練習語文和技藝等，這些多努力都可以有收穫。但某些事努力就沒什麼用，像是跟人吵架、上網努力看廢文等等。

聰明人知道該做什麼努力；有能力的人，努力起來更有效果。只可惜，大多數人都不是聰明又有能力的人，所以努力當然沒用。

所以有人就會覺得，那我都不要努力就好了啊！擺爛就好了啊！這真是傻子才有這樣的腦袋。「不努力」跟「什麼都不做」是兩回事。

有些事不需要太努力，但還是要做好份內的事。像是上班不用拼死拼活，但起碼要把交辦事項做完；你不用拼死拼活的賺錢，因為你能力太差賺錢太慢，但還是要賺到足夠的生活費。

這世界上所有的難關，都是為了隔絕那些「不夠喜愛的人」所設立的。

如果你有比較好的條件，那可以少努力一點就跨越難關；如果你條件不足，那就必須用「非常努力」來表達你的喜愛。

雖然努力沒有什麼幫助
但是過程很重要

你可以發現自己真的是弱爆了

總有人輕而易舉就得到

你千辛萬苦才靠近的成果

像是有些工作可能不需要那麼努力，不用付出太多時間在工作上，如此工作跟生活都可以很快樂；畢竟很努力的人，有些還是一樣會被裁員啊。

追女朋友也是一樣，再怎麼努力付出她也不會理你，還會覺得你煩，何必呢？不如等到她跟男朋友分手時，你再努力討她歡心，交往後再努力對她好一點，她就會覺得跟前男友比你真的好棒喔，幸福又美滿。

醜男也是可以跟正妹在一起的，只要你願意追她二十年，等她老一點沒人要了，你就有機會可以跟她在一起了。很棒吧。

所以不是努力沒有用，是努力的不對沒有用。而大多數人都因為不夠聰明，所以努力的不對。

除非你真的有熱切希望達成的目標與方向，那再努力吧。

你會過得那麼辛苦，就是因為太努力了。偏偏又太笨，條件也太差，並且期待透過努力可以改變這一切，所以才讓自己這麼辛苦。

充份認命吧，你的努力沒有價值的。

當比你優秀的人，比你還要努力，那你努力還有什麼用呢？

別努力了，40 分跟 20 分，真的沒有太多差別的。

你總是這麼努力
每天忍受許多寂寞與折磨
受盡委屈

但我們也沒覺得你多優秀

5

你只是看起來很努力

我不會完全否定「努力」這件事，畢竟有些事還是需要花一點心思，像是把字寫得好看這件事。

從小，我的字就很醜。

在最需要寫字的小學六年裡，我只得過三次甲上。曾經有同學看到我的甲上，生氣的拿我的作業去問老師：「老師，為什麼他的字這麼醜還得甲上？」老師只淡淡地說：「以他的程度，這樣是甲上了。」

那一次是作業最少的一次，所以我寫得比較認真。

字醜當然不是天生的（大概吧），我可以找到千萬個理由來說我為什麼字醜，但只有一個理由我自己知道。

我沒有努力練過字。

但我曾經看起來很努力的練字。

小時候，父母發現我的字不好看，覺得是我拿筆的姿勢不對，於是買了一個矯正器，可以套在筆上，只要握在上面就可以保持正確的握筆姿勢。

那個矯正器我每天都帶著，只要有人看到，我就會拿著裝上矯正器的筆，認真的寫著，然後跟同學說我在努力把字練好看。有大人看的時候，我也會認真拿著裝上矯正器的筆寫字，給他們看我的認真。

但因為裝著矯正器的筆很難寫字，所以只要我一個人寫作業的時候，我就會用另外的筆寫。這樣過了一段時間，字依然很醜，我就跟大家說：「我有努力要練字了啊，但天生就這樣，沒辦法啦。」然後趁機把矯正器丟了。

之後，父母覺得我的字醜到一個程度，連他們都快看不懂我的聯絡簿在寫什麼了。聽說寫書法可以練字，於是就幫我買了全套的書法工具，每天逼我練字帖，一星期要寫完一本。

不敢跟別人說自己有認真讀書

是因為不想

用盡全力來證明自己腦袋不好

我覺得很難受，寫書法對一個小男孩來說太逼迫人了，一開始我寫了幾張，然後就開始把毛筆搞失蹤，並且在寫作業時寫得更醜。

我跟大人說：「寫毛筆寫久了，我都快不會握一般筆了。你看，字反而更醜。」反正筆也不見了，這件事就算了。

再來是用一般筆寫日記，當作多練就是了。我寫了一個禮拜，最後一天我寫下：「我真的好討厭寫字，好不想寫字，我好想哭好難過。」

父母看到後覺得不忍心，就也放棄了逼我練字。

之後只要有人問我為什麼字這麼醜？我就會跟他們說，我有努力練習過，拿過矯正器、練過書法，還寫日記練習。但都沒有用，我的字醜是天生的。

但只有我知道，我只是讓自己看起來很努力而已。事實上，每一次的「努力」，我都沒有認真過。

大多數人「努力」的意義，大概就像我練字這樣。

他們有努力找工作，但就是某天打開人力銀行的網站，投幾封履歷，沒有回應就當作努力了。

他們有努力讀書，但就是把書打開，然後一邊看手機、一邊跟人聊天、吃東西，一整天下來翻了兩頁，就當作努力了。

他們有努力瘦身，但就是跑一下附近的公園、上幾天健身房，拍個照打卡後就回家，順便買份宵夜，就當作努力了。

許多人的努力，只是為了欺騙自己，然後做給別人看的而已。

那些在加班還打卡說自己多認真工作的人，那些買了本書就拍照分享說自己多愛看書的人，那些去報名英文課一定要上網分享自己學生證的人……他們都只是看起來很努力而已。

所以他們的努力沒有用，更不可能有什麼聰明的做法。

沒有對自己的條件認命，又想享受那樣的光環。

就是虛榮心作祟而已。

休息是為了走更長遠的路

為了方便別人走路

所以我在家多休息

一代不如一代，
我們都在收爛攤。

1

一代不如一代

我真心覺得一代不如一代。

我們這一代，薪水兩、三萬，工作又難找，房子卻要兩、三千萬。上一代薪水三、四萬，工作肯做就有，房子只要兩、三百萬。

我們這一代，花四年讀完大學也沒用，台大畢業都要等著失業。上一代考上大學就可以請客慶祝了，隨便一間大學畢業都有一堆人搶著要。

我們這一代，一餐吃個七、八十元還吃不飽，食物有毒又難吃。上一代花幾塊錢就能吃超飽，食物安心又安全。

我們這一代，做個小生意都有一堆風險。想開店租金超貴負擔不起，想賣吃的用錯原物料會被消費者罵，路邊擺攤又會被警察抓，上網賣東西還要

長相是上一代給的
教育是上一代定的
觀念是上一代教的
環境是上一代留的

居然還好意思說
一代不如一代

以前行行出狀元

現在行行都可憐

學一堆技術。上一代隨便擺個路邊攤也可以做生意，或是開間小店面，租金低東西又好賣，就足以養活一家老小。

上一代行行出狀元，這一代行行都可憐。

這是為什麼呢？有些看起來像是價值觀的關係，有些是環境的關係。

但是很抱歉：價值觀就是上一代留下來的，就是上一代教你的，告訴你要這樣過人生。

但環境不一樣了。科技已經改變了世界，那些觀念卻陳舊不變，明明我們的人生都過得不一樣了，然後上一代看你過得不好，卻只會怪你不爭氣！

說得好像爭氣點，社會就會對我們好一點似的。

認清現狀吧！

是上一代懶惰自私留下的糟糕環境，讓我們的世界一代不如一代，日子一代比一代過得更糟。

還有一代不如一代的老人：過去老人是智慧的象徵，充滿睿智與慈愛的代表；現在許多老人就是馬路上的危險障礙物，公司裡升遷的阻礙者，社會上搶奪醫療資源的吸血鬼。

每一代都會出現這樣的言論，除了多活幾年的優越感之外，每個人也總是覺得自己最辛苦，別人太輕鬆。就好像男人最愛比當兵有多累，每個人都覺得自己的付出才是付出，別人的付出都是爽缺。

這種以自身角度出發的言論，在不同世代相互比較時，是最容易出現的；因為我們很難去驗證他們所講的事。

幸好，現在是電腦時代，許多事物都有紀錄留存，也戳破了許多擺老賣老的言論，讓我們至少得以確定了一件事：科技進步，我們的環境卻是一代不如一代的糟。

而每一代的問題，上一代都是最不該出聲的。

因為我們都還在收你們上一代的爛攤子。

很多人喜歡說

都是別人教壞他的小孩

那怎麼不自己教好你的小孩

這時代做什麼事

門檻都變得好高

想說要當個宅男

還要先買得起房子

自己當不了龍

才會望子成龍

2

你爸媽不努力，才有你不爭氣

説一件殘酷的事實：階級一定是複製的。

只是有時候複製的不完全而已。

有錢人的小孩享有比較好的教育資源，可以出國留學；良好的政商關係可以讓他在找工作的時候更順利；並且他的表現也比較有機會被看見。

他很有機會複製他父母的人生，如果他跟他的父母一樣努力的話。

但即使他是個無用的人，父母依然可以為他找到一個好位置，或者給他錢做生意，讓他還是可以過得比一般人好些。

很多老人會說
要趁年輕時勇敢面對挫折
這也是對的

因為等到老的時候
就會不敢面對了

我擔心我的小孩

以後也會是那種

沒什麼成就

整天說別人是靠爸族的人

這是複製的不完全,所以他的下一代可能會更慘……一代代下去便成了窮人。

富未必不過三代,但要看某一代的條件有多好來論定。

而窮人的子女可以獲得的教育資源有限,資訊的取得也比較困難,因為沒有太多人脈關係可以運用,只好找一份工作努力的做,靠著升遷往上爬。如果運氣不錯能夠坐到高位,或者跟對了公司,能得到不錯的發展,那他就算是階級提升了。

前提是,他必須比別人更努力。

如果他只是一般無能的人,父母也無法留給他什麼,於是他只能做很普通的工作,因為能力太差因此也無法獲得什麼機會與升遷,可能連成家都有問題;即使勉強成家,也不會有更好的發展。

然後他的子女也是這樣的路線,除非他們非常的拼命。

每一個靠爸的人,背後都有一個曾經努力的爸爸。

如果你無法靠爸，要看看你爸平常在家都是什麼樣子。

你能夠留什麼東西給子女，是看你現在擁有什麼；但他們拿到你的資源後，會付出什麼樣的努力，就要看你是如何教育他們的。

很多時候我們說個人努力很有關係，事實上也真的沒錯。但同樣努力的人，如果一個擁有很好的資源，另外一個什麼都沒有呢？

你說要靠天份、靠雙倍努力？別傻了，人生條件就那些而已，你能夠做的，別人一樣可以做。只能靠上一代是否有累積更好的資源給你。

光是土壤的不同，就決定了植物的生長狀況，而你的父母就是你的土壤，我們未來也會是別人的土壤。

如果我們很努力，或許可以讓下一代不要複製我們的階級；但我們這一代，註定就是這個階級了。如果我們不努力，那下一代只會跌落更慘的階級裡。

或許你會覺得，每個人都該靠自己啊！

每天告訴自己

今天要比昨天更努力

因為日子一天比一天難過

總希望能養兒防老

只可惜連孩子都養不起

是的，每個人都該靠自己。但有些人除了靠自己還可以靠父母，人家這麼可靠，哪像你只會出張嘴而已。

我擔心我的小孩以後，也成為那種整天說別人是靠爸族的人。

因為他這樣的抱怨，代表我的怠惰。為什麼別人有爸可以靠，而他沒有？

就像是為什麼你現在要這麼辛苦努力？不就是因為沒爸可靠。

背景不是憑空出來的，一定是有某一代的努力或者運氣好，抓到了機會而後崛起。

會崛起，當然也會消退，但這絕對不是一代就能完成的事。要福留子孫或者債留子孫，就看你到底如何努力了。

即使我無法靠爸，我也希望的我的孩子被別人說是靠爸。

因為他們的每一句靠爸，都是對我的稱讚。

夢想這條路踏上了……
才能證明你真的
是在作夢啊。

1

不要花錢養鼓吹做夢的人

近年來，社會上出現一種職業，這些人專門鼓勵大家勇敢追夢，無畏挑戰做自己。

這種人，我稱之為「人生破滅者」。

人不需要有夢，也可以活的很好。葉問沒有使命也照樣勤練武功，等到需要的時候就會派上用場。如果他從小就夢想成為一個打十個的超強武者，那他一開始就被日本人打趴了。

我們不需要別人來鼓勵自己做夢。你會不敢去實行你的計劃，不是因為你

又一天過去了。
今天覺得如何呢？

夢想是不是又更遠了？

許多人所謂的追逐夢想

就是不想要辛苦努力的付出

還可以輕鬆自由的生活

膽小，是因為你知道自己能力不夠、條件不足。如果你今天家裡有錢，那你還需要夢想出國留學嗎？如果今天你帥到翻過去，進演藝圈對你來說還會是難如登天的事嗎？或許你只需要練習你的演技，就能在演藝圈佔有一席之地了。

人生要有挑戰，不需要做夢，而且你不需要特別去挑戰什麼，挑戰自己就會來找你了。

那些鼓吹你踏上夢想的人，就是活生生把你推入火坑的人。透過他們的言語和文字，你會受到鼓勵並產生自信（我聽過我知道），然後會在一頭熱的情況下，做出了讓人生大轉彎的決定，你會認為自己真的好像必須做點什麼。

所以你會買整套的畫畫器材，辭掉工作，整天在家專心畫畫，然後賣不出去，最後只好再回去上班。

所以你會開始錄下自己的歌聲，丟到各家唱片公司，都沒人理你，只好放到網路上，每天一、兩百個點擊，你就會安慰自己，一定是伯樂還沒出現，

一定會有人懂你的。

你還會買一堆這樣的書，那些「人生破滅者」出的書，他們會在書裡不斷鼓勵你，人生只有一次，人因有夢而偉大，你要勇敢做自己。

於是你不敢看現實中的狀況，只覺得你要好好堅持自己的夢想。

而那些人，靠著賺你的錢，他們出國旅遊、買車買房、吃好料參加聚會，然後告訴你：你要努力堅持夢想，就可以像我這樣成就自我。

他們就是吸著人們熱血的吸血鬼，有些可以成為專門的講者跟作家，每年寫一堆鼓勵你做夢的文章賺錢，繼續無所事事，什麼事都沒做，就專門鼓勵你做夢。

還有一種是叫你要去旅行的，自稱「旅人」之類，他們會跟你說世界這麼大，你應該去看看，然後拿著你們的錢出國，跟你說你看世界好美喔，趕快跟上我的腳步吧。

把旅行跟夢想綁在一起，把希望跟未來綁在一起，然後一起賣給你。

現在許多人都在鼓勵別人
要去旅行要去流浪要去追夢
我也這麼覺得

最好你們都去了
就沒人跟我搶工作了

通常鼓吹人們追尋夢想的

要不是自己的夢想還沒實現

叫別人一起上路好有個伴

就是要靠你做夢他才能賺錢

寫一堆不知所謂的內容，跟你說人生不是只有工作，你應該好好尋找你要的是什麼。還跟你說人生快樂最重要，開心才重要，因為人生只有一次，你要為自己而活。

這些專職鼓吹別人踏上夢想與旅行的人，都是推你入火坑，害你一生不負責任的魔鬼。

魔鬼就是會在你耳邊說著美好的事物，卻不對你的後果負責，他會說那是你自己做的決定。

人們總是容易被眼前的事物誘惑，許多人不敢行動的原因正是擔心後果。但魔鬼就是會幫你忽略後果，告訴你，眼前的快樂比較重要。

出去旅行吧！別管回來找不找得到工作。

去實現夢想吧！別管下個月房租怎麼辦。

去做你有熱情的事吧！別管別人怎麼看你。

他們拿著你的錢，說著蠱惑的話，要你踏上夢想的道路，把你推向危險的人生邊緣。

脆弱的人本來就容易受到影響，但無論是誰，都只能為自己的人生負責。所以我們要小心自己聽到的建議，那些無法為你負責的建議，很容易害你的人生破滅。

不要再花錢養魔鬼了，聽他們說著那些不負責任的話。而他們的人生成果，就是靠著賣書給你掙名氣賺大錢，鼓吹大家去送死，然後自己窩在舒適圈數鈔票。

對，我就是在說那些專職的勵志作家。

有些人會說自己出發去自助旅行
學會了很多
解決了很多旅遊上的難題

但卻連自己生活上的一點困難
都解決不了

2

拋棄夢想吧

當能力跟不上野心，就叫自大。

自大的人可悲之處，不在於他的處境，而在於他不知道自己的處境，總是高估自己的能力。

總是覺得自己應該長得蠻帥的，不然早餐店阿姨喊了我好幾年的帥哥，總不可能說謊這麼多年嘛！要不然以前班上的阿珠為什麼每次看到我都害羞的低頭，說話也不敢看著我的眼睛呢？

總是覺得自己應該是能力一流吧，要不然老闆怎麼老是喜歡拍我的肩膀，說他很看重我，要我加班好好表現，因為他只信任我呢？

這個世界不斷地鼓勵我，不斷地跟我說我有機會出人頭地，只是時機未到，只是沒找到伯樂，跟我說只要堅持夢想，就一定有機會實現。

這世界說：「當你想做一件事，全世界都會幫你。」可以獲得全世界的幫助，那還有什麼好怕的呢？

這就是可悲的人，因為世界根本沒空理你。

自助者也不會得到天助，每一個幫助都是別人順手為了自己的利益而合作而已，每一個善心都是資源的外溢；每一個堅持夢想而成功的人，是因為他們有成功的條件，並且正好符合他們的夢想而已。

不是夢想實現，而是能力足夠，時機剛好，條件補上。

如何過得不那麼可悲？首先就是拋棄你的夢想。不要想了，那些夢都是讓你成為可悲的人的開端。

別夢想成為電競選手，所以就拼命打遊戲。

小時候說到夢想
整晚都不想睡覺

現在說到夢想
只想趕快睡覺

別夢想當歌星，所以整天唱歌打扮刷存在感。

別夢想成為漫畫家，然後整天只知畫漫畫。

別夢想自己會是籃球明星，所以整天跑去跟人鬥牛。

放下你的夢想吧，因為那都只是夢。

夢會讓你活在美好的想像世界裡，你會用夢來當作逃避無能的理由。

被別人質疑時，你會用夢想當作藉口，好像你有夢想，大家就應該要養你吃飯，等著你用貧弱的能力，妄想著那不可能的未來。

夢想讓你看不清現實，讓你模糊了真實的界線，把所有不支持你夢想的人當作敵人，誤會了別人實際的建議。最後大家都離你而去，只有你還在堅持著做夢。

不要有夢想了，只要好好生活。

好好過你的生活，偶爾打一下電動，不然會跟不上大家的話題。如果玩了

之後發現自己蠻有感覺的，還很有成就感、很爽，那就可以多投入一點時間。遇到瓶頸，如果突破了，就試試看跟別人比賽。贏了，就多比幾場；贏了有賺錢，就參加更高級的比賽。若能十戰八贏，就挑戰更屬害的對手，然後把自己的對戰心得放到網路上，開個視訊直播你打遊戲。如果看的人越來越多，或許會有人找你參加大型比賽，去挑戰世界看看吧。

好好過你的生活，多找點有趣的事情做。你會發現在許多有趣的事情中，有某些事是你覺得特別有趣的，那種有趣不只是打發時間而已，你還會非常容易上手而且有成就感，那才是值得你投入的事情。

但是，不要因此而產生幻想，覺得自己是不是有某種天份。這只是代表某件事能帶給你更多的價值感受而已，你或許可以讓這件事成為你的興趣，但興趣能不能當飯吃，是要看運氣與能力的。

而不是靠做夢。

大多數人都沒有天份，會誤以為自己有天份，都是愛做夢的關係。認清自己吧，我們就老老實實的過日子，有幾個興趣玩玩就好。

現在很多人
都說著要勇敢做夢

結果都只剩下做夢的骨氣
而沒有夢醒的勇氣

很多朋友時常喜愛分享旅遊經驗

看著他們把錢花光出去走一趟

回來後生活沒有任何改變

我就感到放心了

如果有哪一天，你的興趣強大到可以影響別人，可以得到世界的讚賞，那或許，真的是你有天份。

先吃飽飯，然後再用你的天份改變世界吧。

3

人生沒有秘密

許多勵志大師或奇蹟講師，都喜歡告訴你「人生的秘密」，甚至還有一本書就叫《秘密》，賣的很好。

我啞然失笑，覺得可悲。

你的人生哪有什麼秘密？唯一的秘密，或許就是父母到底怎麼把你生下來的而已。

會想去探索人生的秘密，不過是對自己的無能缺乏認知罷了。

有些人總是懷疑，自己過得這麼糟，一定有其他的原因，絕對不是因為自己太差了，一定有某種我不知道的事，所以才會到處去尋找秘密。

不管你有沒有夢想

跪著都不能走完任何路

來一場說走就走的旅行

除了該做的事被拖延更久之外

什麼都沒有改變

於是花了大錢，去上了許多秘密課程，讀了許多秘密的書。

他們終於發現了一個秘密。

原來是不夠堅持自己的夢想啊！

於是他們開始拼命去做自己想做的事，出國旅遊，開咖啡館，去跑步去運動，把現實拋在腦後；三、五年之後，發現自己仍是一事無成，於是又開始找秘密。

終於，他們發現一個秘密。

原來是沒找到夢想的夥伴啊！

於是他們開始去參加一堆商務聚會，找一群志同道合的兄弟姐妹，到處稱兄道弟，認識什麼哥什麼姐，什麼董什麼娘的，周遭好像都是成功人士菁英階級的感覺。接著，還加入這些哥姐董娘的組織，一同為夢想打拼，為財務自由努力。

再過了三、五年，他們又會發覺自己賺不到什麼錢，做的也不是自己喜歡的事，於是脫離了組織，再去尋找其他的秘密。

這時候，其他人都已經在各自的職場上佔有一席之地了，這些尋找秘密的人還在到處問人：你能在這間公司混得這麼好，是不是有什麼秘密啊？

如果跟他說沒有，他們還會覺得你藏私。

一路晃到了三、四十歲，才發現一件事。

原來自己的平庸，才是真正的秘密。

人生沒有秘密，那些大師說的秘密也不是什麼秘密。只要去搜尋一下，就可以發現都是前人講過的話罷了。

什麼愛是唯一、健康最重要、態度決定高度、反省是最好的進步……這些事大家都知道，只是有做的人覺得這很正常，沒做的人則根本不在乎。

20 歲的時候說健康很重要，誰理你啊？熬夜讀書拼過關才重要啊。

很多人堅持自己的夢想
努力在做那些別人看起來
幼稚可笑的事

多年後過去
證明了當初還真的是幼稚可笑

有時候覺得工作很煩
就找個地方旅遊吧

把錢花光後
就會認命的工作了

25 歲的時候說家人很重要，誰理你啊？有機會被外派出差見世面才重要啊。

30 歲的時候說什麼態度決定高度，誰理你啊？銀行帳戶才決定說話的強度啊。

人生在不同時期，本來就有不同的追求，每個人追求的事物也不一樣。

根本沒什麼秘密，只是有多少條件做多少事而已。

那些秘密，就是你的錢為什麼會被騙走的秘密。

這世上的秘密，都在 Google 手裡了。

想找秘密，就去 Google 一下吧。

4

有才華的人會辛苦，
有微小才華的人會痛苦

每一天，我都會在粉絲團裡接到許多人的「負能量」投稿，看得我腦袋都不好了。

一開始我會心想：為什麼你會覺得這種東西值得分享呢？

大多數人的投稿，都只是純粹的抱怨而已，是很無趣的負能量。如果負能量粉絲團只有一堆無趣的抱怨，那是不可能會有人想看的。

人們對於自身才華的認知是很薄弱的，這點來自於我們的教育並沒有幫助大家找到自己的才華，只是要把大家變成同樣的人而已。

但當你順著這樣的教育長大之後，他們又要你當一個有特色的人，這不是害人一生嘛。

所以大多數人都不知道自己的才華是什麼，做了某件事覺得好像不錯，就以為自己有天份了。

就好像有些人玩遊戲覺得不錯，就以為自己有打電動的天份，但其實這根本就是廠商的陰謀啊！每個人都會打籃球、踢足球，但球星還是只有那幾個而已。

絕大多數的人，其實根本沒有所謂的才華或天賦。

而有太多的人，則是根本誤會了自己──他們可能是戰爭天才，但這時代暫時不需要這樣的人；他們可能是超級獵人，但都市裡根本沒有這個職位啊。

這個時代，真正擁有才華的人會很辛苦。因為大多數人沒有才華，他們對於才華既嫉妒也怨恨，甚至對有才華者百般刁難。

比如一個確實有電競才華的學生，卻被逼著要上完無聊的學校課程，才能在下課後去比賽練習，把時間浪費在與他的才華不相干的地方，只因為這是教育體制。

或者一個真的有運動才華的人，會被逼著要學國文英文數學，直到課餘時間才能鍛鍊體能。他把跟全世界一流人才拼比鍛鍊的大把時間，拿來浪費在對他來說毫無意義的地方。

真正擁有才華的人，不可能是個全能者。

但人們就是會習慣性的嫉妒跟刁難，找到他的缺失之後，再把他的才華淹沒。

所以有才華的人要非常辛苦，才能讓自身的才華受到大眾認同。

與此對比，僅有微小才華的人就更加痛苦了。

他們的才華，並不足以讓他們功成名就，但與一般人相比，又似乎讓他們有那麼點不一樣。

每天早上讓夢想叫醒你

這樣才會睡得更久

他們會思考，是要認命放棄，還是奮力堅持；放棄這微小的才華雖有些可惜，但現實生活又逼得他們無法堅持。

可每當要放棄時，聽了一些勵志的言語，又會燃起一股希望，覺得自己或許可以再試一試；但真的試了，卻又沒什麼成果。

這些僅具備微小才華的人，不斷地在能力與現實間擺動。

像是唱歌好聽的人，偶爾一唱，總有人會發出讚嘆，覺得他不當歌手太可惜了；但當他們把自己唱歌的影片放上網路時，卻又沒有多少人點閱，也不曾有唱片公司上門。

這樣的人，一生都會覺得痛苦。

要認命又不甘心，不認命卻也贏不了。

每當他們快放棄時，就會被那些勵志文章鼓勵，接受激勵大師的說法，然後繼續堅持下去。

直到歲月把他們的機會磨蝕，花了多年時間，終於證明——沒錯，自己只擁有微小的才華而已。

PART

5

關於成功……
你是不是誤會
了什麼？

1

成功人視網膜病變

社會上有一群很特別的人種。

他們通常成群出沒，很少看見他們單獨出現在什麼場合，每次出場一定是一群人，然後一起拍照。

他們習慣握手打招呼，然後藉由合照來向外人展示感情融洽，時常一起吃飯、出遊、開會，更經常發起或參加許多活動。然後，一定要合照。

過去，這類人會成立一些社團，每個月聚會聊天，偶爾一起出國遊玩，或者是舉辦宴席宴請四方，並留下許多合影紀念。

有時候我們覺得
別人誤會自己

但其實
是我們誤會了自己

沒有人總是一帆風順的

其實你並不寂寞

看看你身邊的朋友

不就是因為失敗才混在一塊嘛

到了網路社群時代，他們也學會運用臉書等社群軟體，然後秉持一貫的習慣——拍照、打卡，並且一定要宣示今天的活動讓人受益良多等等。

他們彼此之間十分重視稱謂。年紀稍長的，一定要尊稱大哥大姐；年紀小的就是有為青年；有開公司的，就是某董事長或大老闆；當主管的一定是經理等級，小職員就是前途不可限量的年輕人。

他們最喜歡分享的就是勵志故事，但聊的多半是股票跟基金投資。

總是喜歡說自己很努力，也讚賞看似認真努力的人，習慣性的四處幫人打氣、到處加油，部分有宗教信仰者，也熱愛使用「福報喜樂」等語句。

愛好的讀物一定跟商業有關，喜歡幫自己的書櫃拍照，卻很少把一本書讀完。看書一定是看大家推薦的，以免讀到一本別人都不知道的書。

這些人很少把錢掛在嘴上，喜歡談價值、理想、抱負、目標與夢想，崇尚白手起家的故事，但卻不喜歡和沒錢沒背景的人打交道，也看不起一般的平凡人。

他們都熱愛交友，常説自己朋友滿天下、人脈很廣，隨便説個領域，他們都會説自己有認識的朋友。

他們更是愛好分享，時常分享健康資訊、國際資訊、好康資訊、活動資訊，並且十分關心他人的心情與生活，對別人的生活方式指指點點，並期許你能早點加入他們。

他們總認為自己的生活方式很棒很好，自己的教育方式很正確，自己對人生的方向感很準確，然後希望把這麼好的觀念與生活分享給大家，讓大家都一起過上好日子。

他們覺得自己已經成功了，不像其他人還茫茫然度日，終日不知自己的目標。他們的目標通常就是賺大錢、結婚生子，然後子子孫孫也都要賺大錢。

因此他們會覺得你的生活方式不對，説你這樣不行、沒辦法賺大錢，覺得你沒結婚也沒生小孩，生活繼續這樣下去會徹底失敗，無法像他們這麼成功。

一般有權有勢的人
會看不慣違逆自己思想的人

沒權沒勢的人
會看不慣比自己更沒權沒勢

卻過得比自己好的人

別太害怕失敗

永遠都要給自己機會

因為別人根本不會給你機會

如果你身邊有這種人，請多多關心他們，因為他們有病。

他們得的，是這個時代不算罕見的一種病，叫作「成功人視網膜病變」。

這種病難以痊癒，通常是由長時間接觸而傳染，會讓人只看見自己的世界，產生自己過得很好的錯覺。也將影響日常生活與說話能力，患者會不斷地以言語或行為來攻擊其他人類，且會不自覺地想傳染給別人。

因此，請多關心周遭患上這種病的人。

他們活得很辛苦，每天都要為自己找起床的理由，還要在各種活動與社交場所中疲於奔命，心裡有委屈或哀傷都無法說出口，也難以找到抱怨的出口，讓他們的心理壓力與病情更加嚴重。

有些人大概到了七、八十歲，才會逐漸痊癒，瞭解平凡是福的道理。而有些人，一輩子都好不了，還要逼迫他的下一代也患上這種病。

這是時代的病。

我們只能讓自己，努力的不生病。

2

失敗就是失敗，與成功無關

每個人應該都聽過，好的開始是成功的一半。

當然，這是樂觀的想法，畢竟另一半就是失敗了啊。

也有人會說，失敗為成功之母。這句話就好像說如果你父母很失敗，你會很成功一樣。

這種安慰人的話，對我們一點幫助都沒有，因為我們不需要失敗來幫助我們成功，失敗 99 次的人，並不會第 100 次就成功；相對的，有人不需要失敗就直接成功了。

失敗跟成功從來都不是相對的，只是顯現出你的能力與條件到哪裡而已。

我有一個朋友已經減肥了好多次

其實蠻好奇他為什麼這麼有毅力

一直解釋失敗原因不累嗎

做得再多，說得再好

結果還是失敗了。

就是證明你的能力不足罷了。

只要你條件不夠，做再多次都會失敗。就像你想上台大，但只要分數不夠，就算考十次也不會上啊。

失敗就是失敗，用錯方法條件不夠能力太差，就是會失敗。失敗也不一定會讓你學到東西，因為很多人連自己是怎麼失敗的都不知道。

就好像有人找工作，投了一百封履歷都沒上，他會知道自己為什麼沒有上嗎？到底是大頭照太醜自傳寫太差還是薪水開太高？也或許，他找的工作方向根本就不對。他會因為投兩百封履歷就找到工作嗎？不會啊。他會因為這樣就學到要怎麼找工作嗎？也不會啊。

有些人一次就找到工作，甚至不需要面試。誰叫人家有背景，或者是知名大學畢業呢？只要你什麼都不是，你就會一直失敗下去，跟成功沒有關係的。

或者說股市吧，很多人在裡面賺錢賠錢，一直在賠錢的人會知道自己為何賠錢嗎？不會啊，他只會覺得自己怎麼那麼衰，政府利多怎麼不放，為什麼每次買進之後就開始跌。上了再多的課，他就能學會嗎？如果是這樣的

話，那就不會有人賠錢了，股市也永遠不會跌了。

所以在大多數的情況下，成功與失敗根本一點關係也沒有，跟你個人本身比較有關。

同樣一個妹，帥哥去追會成功，你太醜告白一百次也不會成功。《101 次求婚》的美好結局只因為那是演戲，不是因為男主角求了那麼多次婚。

許多人不過是被「成功」的表象給欺騙了。某些既得利益者透過灌輸你這樣的觀念，讓你持續抱著希望，畢竟你若太早發現事實，他們可就沒得賺了。因此才要跟你說，愛迪生也是失敗了好幾千次才發明電燈的嘛！

傻瓜，愛迪生根本是有錢人好嗎？所以他有本錢失敗那麼多次。你失敗一次全家就要破產了啦，哪有空在那邊失敗啊？

人生沒必要勇敢的挑戰不可能，然後失敗了才在那邊說「這也是種學習」之類的鬼話。做我們有把握的事就好，如果真的失敗了，再去看看是什麼原因導致失敗。

不要幻想自己一個人會成功

就算是一群人幻想也不會成功

為什麼總是天妒英才呢

因為沒人管笨蛋活多久

而不是去做一堆美夢，然後再用「從失敗中學習」來安慰自己。

失敗不會生出成功，只會生出認不清現實，無法充份認命的傻瓜。不要樂觀地覺得自己會成功，而要認真去思考失敗的成本。

很多時候，我們禁不起太多失敗；很多時候，我們只能一次就成功。

這個社會不會給我們太多機會的。

僅管社會主流的聲音總是安慰你、鼓勵你勇敢挑戰，但在你失敗之後，那些原先鼓勵你的人，將會是笑得最大聲的。

3

成功者的人生不值得參考

許多功成名就、飛黃騰達的人,最喜歡做一件事了,就是跟別人分享他是怎麼成功的。

好吧,或許有些人沒那麼喜歡,他們只是默默的就成功了。但即使他們不說,周遭的人也會想問,更可能引來記者採訪。

所以,他們的人生經歷會被寫成一篇篇的故事,甚至成為書店架上的勵志書——「成功人士是這樣練成的」、「成功人士都在做的事」、「40歲前想成功,你要這樣做」、「他做了這些事,所以成功」⋯⋯。

一本一本都在告訴你,只要你照著這樣的方式生活,你也有可能會成功喔!

當你失敗的時候

身邊會有一群關心你的人

他們會問你發生什麼事

聽聽你的失敗經驗

然後心滿意足的離開

社會上的成功人士

整天吃著雞肉啃著雞腿

最後留點雞湯給普通人喝

好讓他們不至於失去希望

成為自己持續成功的墊腳石

呵呵，不知道你有沒有模仿戲劇裡的情節去告白過？

比如說在雨中大喊：「我喜歡妳！」然後一把抱住女主角；或者趁女生不注意時偷親一下，甚至強吻不放，然後再說聲我愛妳。

很浪漫吧。但現實生活中你這樣做，會被當成白癡的。

你可能會說：「可是真的有人這樣做就成功了啊！」是啦，你跟班上第一名也都是用眼睛在看書嘛，你們的腦子重量大概也差不多，為什麼只有他能考第一名？

別人的人生是學不來的。就跟跑步游泳一樣，就算他做什麼你也做什麼，但他就是做得比你好。

別人會成功不代表你會成功，別人這樣做成功了，不代表你也可以這樣做。

許多人喜歡用自己的成功經歷告訴你，要勇敢要挑戰要堅持，好像成功只因為他們夠勇敢、夠堅持而已。可他們沒說的是，這之中他們擁有多少資

許多成功的經驗

都只是還沒有失敗而已

源，有多少條件，獲得了多少幫助。

而更多人因為失敗了，也就沒機會告訴你一個事實：不要輕易的挑戰與堅持。

成功者的堅持，叫堅定。

失敗者的堅持，叫頑固。

話都是成功的人在講的，你去聽他們說的話，你怎麼不聽聽失敗者說些什麼？

那些成功者所說的道理，難道就是什麼真理嗎？

套在每一個人身上都適用的，才叫真理。

但這世上少有真理，多的是每一個人生活的道理。

沒有人知道自己一下子就會成功，大多數都是真的做到之後，回頭一看才發現「原來是這樣啊！」

也沒有人知道自己會失敗。許多失敗往往是因為，我們看到別人這樣做成功了，於是跟著做，結果雙方根本條件不同，最後失敗了。

你看看那些成功者的人生，他們的模式是不是都很類似？

再去看看那些努力後而失敗的人們，他們的失敗模式是不是跟成功者也很類似？

所以，根本不是因為成功者做了什麼事而成功。而是因為他們擁有充份的條件，所以才會成功。

你沒他們聰明，沒他們有錢，甚至臉都長得沒有人家好看。那你做一樣的事，憑什麼會成功呢？

不如好好想想，如何不要讓自己太失敗，或許還比較多可以學習的對象呢。

所謂的公平

不是指每個人都擁有一樣的權利

而是握有規則的人

施捨給你的機會

4

人因賺錢而偉大

人生一切都是價格。

勵志故事總說人擁有無限可能，導致很多人都誤以為自己很厲害很有希望，但事實上，許多人只擁有把事情弄糟的無限可能而已。

覺得自己未來會有成就，這是很奇怪的幻想。你什麼事都還沒做到，怎麼會認為自己一定有成就呢？

那些灌迷湯和鼓吹「人因夢想而偉大」的人，應該要抓去關的，罪名是煽動罪。

像是許多大學畢業生，為什麼會誤以為自己很有能力，覺得不想領那一點薪水呢？明明他們根本一點事都做不了啊，如果未來的可能性可以作數，

用錢當然買不到快樂

只是有錢

別人會想辦法讓你快樂

有時候為了錢
出賣自己的靈魂和原則
不要覺得丟臉

丟臉的是還沒有一個好價錢

那小學生的價碼不就更高了？

我們一開始的價格很低，只代表我們「現在」的能力很差，又沒什麼成就跟條件而已。這時廉價是正常的，想提高價格，就要有品牌或功能的加持。

品牌就是你的背景，功能就是你的其他條件。

要嘛很有設計感、長得超帥超美，要嘛就是十八般武藝都會，超好用而且能做事。不然就是你有品牌 LOGO——爸爸是誰、媽媽是誰。這些加持能讓你一開始的價碼更高一些。

如果以上條件一項都沒有，那你就是個廉價品無誤，只剩下勞力與時間這種多數人都可以付出的價值。

人們總以為自己的人格與尊嚴很有價值，這是受正能量洗腦太深。事實上，是有能者的人格與尊嚴才有價值，多數平凡人的人格與尊嚴，這社會根本不在乎。

如果你真的有能力，就多賺點錢吧！靠著賺來的錢展現你的能力，再把錢

以前我以為錢可以買到一切

後來才發現沒有辦法

因為我錢不夠

拿去做你覺得有價值、有尊嚴、有人格的事。

錢不是唯一指標，卻是很重要的指標，也是普世的指標，能用來滿足這社會的許多條件與價值觀，並交換到你覺得重要的事物。

有錢人談感情，會更加純粹。

有錢人談友誼，會更加寶貴。

有錢人談親情，會更加珍惜。

有錢人談人生，會更加豐富。

如果你沒錢，高談什麼理論都只是幻想而已。人從不因夢想而偉大，是因實現夢想而偉大。

有錢人並不討厭，討厭的是某些有錢人以掠奪他人來獲取財富。我們應該透過滿足他人來賺錢。不管用任何方式，因滿足他人所賺到的錢，都是值得尊敬且珍貴的。

當你還沒有辦法靠自己賺一分錢的時候，就沒資格去說自己有價值，當下就是個廉價品甚至無用品而已。

所以，賺錢很重要——但必須量力而為，你有多少條件與能力，就用那些資源去賺錢。

或許，未來你可以賺很多錢；也可能，你根本賺不了錢。所以，要證明自己，就盡量去賺錢吧。

不然，廉價也是一種選擇。

畢竟人生的貨架上，總是要有各種不同的選擇，才能夠顯現出某些人特別有價值。

最靠得住是金錢

最靠不住是人

說談錢傷感情的人

最容易因為錢出賣你

職場現形，
你的尊嚴值多少錢？

1

世界上最可悲的人

直接説結論。

世界上最可悲的人，就是那些能力普通、長相普通、家境普通，但內心卻充滿遠大志向，幻想自己能出人頭地的普通人。

這樣的人，你我身邊都有。求學期間，永遠都會有這種同學。

他們成績一般般，大約落在十幾名到二十幾名之間，不靠前也不靠後，在班上算認真也不算認真，每次發考卷時就是默默的領卷，沒人在乎他們考幾分。

這樣的人沒什麼問題，每個班級一定都有；但這之中，就會有可悲之人。

公司薪水真的是太不公平了
明明大家上班時間一樣久

為什麼越優秀的人領越多呢

罵老闆都不懂愛惜人才
是一種很好的託辭

說得好像老闆如果愛惜人才
真能看上你似的

他們總想著要努力考到更好的分數，但又沒有毅力好好的讀完一本書；每次奮發時就猛做幾個題目，一遇到稍難的又放棄；他們玩遊戲時會擔心沒讀書怎麼辦，讀書時又想著要趕快去玩遊戲；快考試時緊張得想熬夜幾天惡補，讀到一點後便覺得睏了睡一下沒關係吧。

考完了看到成績覺得不滿意，就誇下海口要戒遊戲、斷網路、賣手機，朋友約了也不出門，專心刻苦地為下一次考試打拼。但三天後就覺得反正下次考試還遠，玩一下又不會怎樣，放鬆一下是為了走更長遠的路，然後就一路玩到考試前。

等他們出了社會，開始喜歡高談闊論，說著未來與夢想，想著飛黃騰達與大展身手。但投了幾百封履歷，只錄取一間不太滿意的公司，於是整天說要離職找更好的工作，等著伯樂來挖角跳槽。

做了半年、一年，開始埋怨公司不好，覺得自己被埋沒了。整天喊著要離職，卻又沒有更好的選擇，只好跟老闆要求加薪。老闆或許勉強加了兩千，此時他又會說：老闆需要我看重我，只好繼續留下來幫老闆了。

過了三十歲，整天想著要找著好對象，卻東挑這個太醜西挑那個太胖，都是對方配不上自己，因為老覺得自己總有一天要出人頭地當大老闆的，成功男人的背後都要有漂亮女人才行嘛。

工作換了三五六份，薪水大概三、四萬，直到 35 歲也混到小主管了，找了個不醜不胖不美不瘦的對象組成家庭，整天跟著別人喊著未來要創業做老闆，或者跳槽當高階主管。

到了四十多歲，孩子大了些，體力退化了些，也沒啥機會換工作了，只好研究一下股票基金跟投資機會。賺了點錢，就大談投資理財之道；賠了，就罵企業坑殺散戶。

然後開始對孩子說自己當年有多認真，要求小孩要出人頭地，順便再嫌一下現在年輕人真是不耐壓，一代不如一代。

五十多歲後，基本上還是過一樣的生活。順利的話，能在一個崗位待到退休；不順利的，就是中年被裁員，拿存款出來做點小生意。

如果你覺得自己
一整天累的跟狗一樣
你真是誤會大了

狗都沒你這麼累

我一直覺得自己力氣很大

一個人居然可以扯全公司後腿

這樣的人，心裡一輩子都苦。

他們無法面對自身條件的現實，又羨慕別人的成功與生活，雖不覺得自己會平庸一輩子，卻只能過平庸的生活。

只擁有平庸的條件，卻不認為自己會平庸的人，正是最可悲的人。

大家都只當他是個平凡人，唯有他覺得自己不平凡。

活在假象之中，對人生處處不滿。此生沒人記得他，也沒有人會懷念他。

而他是最後一個知道這件事的人。

2

人生不跟你説實力，
説的是背景

線上遊戲給了我一個體悟，那就是背景的重要。

在遊戲內，大家都會想加入一個好的組織，俗稱「公會」。在公會裡，可以獲得大家的幫忙，不論是吵架還是打怪，一個好的公會總是能給予較多的協助。

這也讓許多公會成了所謂的知名公會。會知名，不外乎是因為公會成員強大，讓這個公會對外能大聲説話，也能吸引更多強者的加入。

但公會系統通常有限制，只能收限定的人數。這就衍生出一個特別現象，當某個知名公會滿額了，就會出現第一分會、第二分會等等。主公會實力

所有的工作

做久了都會覺得無聊

差別在於

別人無聊還賺得比你多

堅強是一定的，但分會就不一定了。不過分會出事了，主公會礙於面子，還是會派人處理一下。

於是，就出現了狐假虎威的人。他們本身沒有實力，但混進了一個知名公會，出了什麼事就先搬出公會的名聲。這就像小流氓跟人嗆聲的時候會說：「你知道我大哥是誰嗎？」

這類狐假虎威的人，在遊戲裡不怎麼練功，倒很喜歡到處跟人家聊天，時常會說「我認識那個誰誰誰」。透過到處攀關係，他們總能混進一些不錯的公會，東聊西扯，跟大家感情也算不錯，於是出了事也有人會幫忙。女性角色會使用的招數也很類似，同樣是到處拉關係，說誰誰誰是我乾哥、乾爸、乾姐等等，然後說話總是楚楚可憐的樣子。

這就是標準的依靠背景。

這現象在社會上更是明顯，很常看到某些人明明沒什麼實力，但言必稱誰誰誰是我的長輩，或是他認識什麼人。

社會自然比遊戲世界複雜得多，但利益倒同樣能很快獲得。

很多人都是因為幻想
可以從工作中
得到快樂與人生的意義

才會一直迷惘

工作多年

當人家問你是不是剛出社會

不是因為你看起來年輕

而是覺得你怎麼這麼菜

不論他是否有實力，不論他是否真有那樣的人脈，但光憑他能抬出這樣的背景，就足以讓人敬他三分。

這社會看待一個人，從來就不是只看你的努力與認真所得來的實力。而是背景優先。

因為實力需要時間驗證，但背景一眼就能確認。

即使這些背景是他人辛苦的成果，照理說，應該只屬於那個人；但很可惜的，社會上的資源與成果，一直都是傳承與交接的。

所以實力是其次，而背景是首要。

如果你有實力，有背景能讓你的實力更容易被看見。

如果你沒有實力，只要你的背景足夠強大，實力倒也不是那麼重要了。畢竟社會上很多職位，不需要有什麼實力就可以擔當。

與其鍛練你的實力，不如先想辦法找你的背景。畢竟，我們也都是先看別人的背景，才來想辦法確認他的實力。

3

同事是你的分身
主管就是你的未來

許多人常常會抱怨同事很笨或主管很討厭，但又不離職，十足的嘴炮。

這種人在公司裡到處可見，覺得自己最強、覺得身邊的人都拖累自己，也覺得主管總是傻的，真不知道為什麼這人可以當主管。然後覺得公司虧待自己，自己是千里馬只是沒遇到伯樂，整天期待被挖角跳槽，跟準備劈腿的人一樣。

但這樣的抱怨，只證明了，以他的能力就只能跟這群人共事而已。

這樣的人很可悲。或許他們心裡也明白，以自己的能力無法離開現職，卻又無法承認自己的能力僅止於此。於是只好透過講公司其他人的不是，來抬高自己的身價。

很多人喜歡抱怨老闆與同事

總說別人又蠢又傻

只是在告訴別人

以你的能力只能與這些人共事

團隊合作是在安慰弱者的

強者說的團隊合作都是指

照我說的做

你跟什麼人一起工作，代表你的能力就適合跟他們共事；你被什麼樣的人領導，代表你就只能跟著他的路線前進而已。

要是讓你進了復仇者聯盟，一旦遇到外星人大軍，你有本事活得下來嗎？

要是真的派你出去跟廠商談業務、開高管會、到海外出差，你有本事能做得好嗎？

並且，太多人若只是對自己的能力缺乏認知也就算了，還要把這份無知投射到他人身上。

就好像有些人去看醫生，會覺得醫生只是把把脈、聽診器聽一聽就可以開藥，有什麼了不起？畢竟自己會 Google 很厲害，還會指導醫生該開什麼藥。

或者像有些人，看了幾則社會事件，只憑些許資料就覺得法官該判有罪或無罪，這也是把自己的無知，投射到法官與律師身上。

與你共事超過三年的人，就是你的分身。他們跟你擁有同等級的能力，適

合一起工作，如果你們之中有誰先升職了，不完全是因為他能力比較好，或許是因為他打下比較好的關係而已。

而你的主管，就是你的未來。如果在同一家公司你有升職的機會，除了新部門或新案子，沒意外的話，你會先升上你主管的位置。除非你另謀高就，才有辦法跳脫這樣的接替。那些不敢跳槽的人，就只能在這樣的接替中成為接班者。

工作是我們價值的展現，公司從來就不是慈善事業。你會覺得公司裡都是白癡，那最大的可能是：你也是個白癡。

越無能於改變環境的人，越喜歡批評他人。

所有在領薪水的人，就該認份、認命做好自己的工作。

你是什麼咖，就會找到什麼樣的工作。如果你真的強到找不到工作，那就會自己當老闆。

說什麼時機未到、運氣不好，其實都只是能力不夠而已。

人家面試找工作

選的是薪水福利跟發展性

我只問一句

睡公司能開燈嗎？

我怕黑

真愛無價，
因為根本沒人想買。

1

愛情就是標價

人的一生，總是希望情感上的需求能被滿足，特別是愛情。

說單身不寂寞很快樂絕對是騙人的。單身也能快樂的人，有個伴會更快樂。

畢竟，我們都希望有人懂得自己，能觸碰到自己內心柔軟的地方；更直接一點，會希望身體上柔軟的地方也有人可以觸摸。

不論肉體還是心靈，愛情都是多數人一生無法缺乏的。也因為如此，很多人總把愛情看得太過神聖，這是我覺得最蠢的一件事。

神聖的愛情是個假象。世上沒有神聖的愛情。丟開衣服，每個人在所愛之人面前都有赤裸裸難以掩飾的慾望；說什麼崇高，只是想藉此吸引那些不

以前大人常跟我說

長大後才能談戀愛

說得好像長大就會有人愛我了

懂愛情的人罷了。

愛情充滿慾望，慾望是人性，而人性就是標價而已。這個「價」不只是價錢，而是你所擁有的社會價值與條件。

長的帥長的美，標價天生就比較高一些。美醜的定義雖也可能改變，但現在起碼大家都喜歡比較瘦的。當然人人都有各自的喜好，微肉貧乳或大叔胖肚可能在某些人心中有比較高的價碼，畢竟小眾市場也是值得經營嘛。

如果外貌非市場所愛，那其他條件還是可以加上去的，像是身家背景、社會地位、銀行帳戶、跑車豪宅等，都可以讓你的標價高一點，甚至吸引特定族群的喜愛，身價直衝天際。

如果這些明確的加值條件你都沒有，那還是可以透過一些不太明顯、需要花點時間才能發現的條件來增值，像是思想內涵、才藝專長、幽默風趣、創意健談等，當然客群會更少一點了，而且要花點時間，但還是有機會的。

但如果這些都沒有⋯⋯你說說看你有什麼呢？

什麼真心什麼陪伴，這種人人都有，而且隨時可拋棄的東西是沒有價值的。不是說你的真心可拋棄，而是你很可能為了其他事情拋棄自己的真心，像是為了別人的胸部之類的。

取代性太高的東西，是沒有意義的。

愛情就是標價，標價著重的是「稀缺性」。

空氣很有價值，但一般情況下你不會花錢買空氣。陪伴很重要，但你也不會為了陪伴就隨便找個路人當男女朋友。水很重要，但你平常不會花好幾萬買水。真心很重要，但你不會找一個只有真心什麼都沒有的人當男女朋友。

愛情就是標價而已。其他附屬的虛幻的意義，都是因為沒有可以拿來展示的價值，才會講一些無法衡量的價值，以一堆似是而非的道理來平衡自己缺少的東西。

沒錢的人，才會跟你講真心。

其實你可以卸下心防

反正沒有人願意突破

沒長相的人，才會跟你說誠意。

沒人愛的人，才會宣稱愛自己最重要。

沒有值得展示的成就，於是只好把無法衡量的價值無限放大。

標價高的人，一樣可以付出真心誠意跟陪伴。

所以感情的世界裡，你同樣該充份認命：自己是什麼樣的價位，就只能吸引什麼樣的買家上門。

我們都在尋找買主，同時也會是別人的買主。

當然，有時候你可能會遇到一些瞎眼的買家，用超高的價位買下了你。

那你就必須用一輩子來填回這個價位了。

2

純友誼

說到感情，就不能不說這個萬年老話題了。

先說結論：顏值不夠的人，才會一直被當純朋友。

所以男女之間的純友誼，大多建立在顏值不足的人身上，而且要兩個都不太好看。要是其中一人比較好看，那通常就是某一方一直默默喜歡著對方，但對方又對自己沒意思，只好以朋友的名義待在他的身邊，每天聽他說話也好。

純友誼的關鍵很簡單，就是兩人彼此不會為對方心動。客觀來講，我們會對一個人心動以致於衝動，絕大多數都是因為對方的外貌能吸引你。

一個臉醜的人，即使他的內在再好、家裡有錢、對人溫柔，真的是個好棒

今天好朋友問我

你交了女朋友會不會就忘了兄弟

我認真的跟他說

你把我當成什麼人了

我看起來像是交得到女朋友的嗎

胖的人為什麼比較難找另一半

是因為肉太多了

很難成為別人的菜

的人呢，但就是臉醜。你會在兩人對望時，情不自禁就想親下去嗎？

朋友相處久了，什麼缺點沒看過，已經徹底瞭解彼此的內在跟外在條件了，該理性思考的地方也都瞭解了，你很難因為對方有什麼貼心的舉動就突然動心。

如果她長的超正，即使相處多年，你知道她很愛花錢、其實不愛乾淨、說話隨便，也不太認真面對生活，總喜歡玩樂；但當你們出去一起喝酒唱歌，在一片黑漆漆的地方，她向你靠過來，你聞到她身上淡淡的香水味和髮香，她突然轉過頭，用一雙大眼看著你，你心跳加快，才發現她真的很好看。她拿起一根薯條，問你有沒有吃，沒等你回答就塞到你嘴裡，突然你覺得她其實只是個天真單純的女孩，只是沒遇到好男人而已。你的心跳漏了半拍，發覺自己喜歡上她了。

如果他長的超帥，身材超好，平常一起玩都沒事，某天一起去海邊，陽光灑下，照在他的六塊肌上，頭髮上還沾著海水的粼光，一條髮絲掛在額前，他看著你，開朗的向你揮手叫你快下水一起來玩啊。你的心情七上八下，小鹿亂撞地走了過去，被他的大手一抓，才發現原來他的手掌這麼厚實，

這麼溫暖，突然就忘了他平常的嘴賤，也覺得還蠻習慣他的壞脾氣，才發現原來自己喜歡上他了。

這人，就是那個多年的異性好友，你稱那個男人婆一樣的女生是「兄弟」，叫那個嘴賤的臭男人「姐妹」，你們以為你們是純友誼，但就在那個當下，你心動了。

突然間，他的缺點你好像都可以接受。突然間，你發現你們其實很合，又聊得來，又瞭解彼此的過去。

從朋友變情人，感覺就是可以更長久，簡直是天生一對。

但如果換成一個又醜又胖的人，你覺得這樣的場景你還會心動嗎？

你說的純友誼，不過是因為對方顏值太低，但又覺得對方其實人不錯，聊天挺合的，所以當朋友剛剛好。至於當情人，很抱歉，對方的臉你不喜歡。

感情本來就是講條件，會心動也是因為各種條件的綜合，而外貌就是最容易評估的條件。

哭其實可以解決問題

只要長得漂亮

那些在感情中單純認真

說著不求回報的年輕男孩們

通常都會夢想成真

得不到任何回報

當朋友的話，外表不一定重要，個性合得來，彼此有共同利益與目標比較重要。

當情人的話，外表就是選擇條件之一了，因為必須要能心動。

你或許會因為一個多金的胖子追求你，感念他的真心所以決定跟他在一起。你或許會因為一個溫柔的醜妹追求你，幫你帶便當以及體貼入微而決定跟她在一起。

但你不會某一天在一個不經意的時刻，看到對方突然覺得自己好像喜歡上他了。

那種讓你在相處多年後突然發現自己很習慣他的存在、覺得彼此很適合、覺得自己好像其實已經喜歡對方很久了的狀況，都是因為外表才可能造成這種衝動。

大多數平凡人跟高顏值朋友間的純友誼，都只是在排隊等待空檔而已。

3

不要太愛自己，才會有人愛你

講到感情，怎麼能不說說「愛自己」這個話題呢！

「愛自己」是最可笑的勵志話語，比成功一定要靠自己的努力還好笑。所有講這句話的人，都是要靠這句話來騙你的，騙你的錢或騙你感情都有，但絕對不是要真的安慰你。

有些人就是因為太愛自己了，才會看不清現實啊。

你太自戀，每次照鏡子都對自己說：你很棒，你是最棒的，今天也要加油。

你對自己太好，捨不得讓自己吃苦，也覺得自己很有價值，所以找不到工作是老闆太壞，找不到另一半是因為人們只看外表，被人欺負是因為他們心理變態。

想談戀愛最重要的兩件事

就是要記得多愛自己別人才會愛你

以及外表不重要聊得來才重要

這就是我到現在還單身的原因

喜歡的東西那麼多

你都買不起了

喜歡的人就一個

你怎能奢望在一起

你對別人好，是因為你覺得這樣很有成就感，你喜歡看到別人因為你的付出而開心，但如果有人不接受你的付出，你還會覺得他們對不起你。

但你只是用付出來滿足你的虛榮心，根本不是單純為了愛而付出。只因為這樣讓你看起來很有愛，可以讓世人都對不起你似的，好像全世界都虧欠你，於是你就能予取予求。

你所做的一切都是在愛自己。你太愛自己，才會覺得別人不夠愛你，不像你愛自己這麼愛。因為你的眼裡根本沒有別人，只有自己。

我欣賞夠自私的人，他們純粹為自己的利益著想，付出就要有收穫。就像商人一般，賣東西一定要收錢，就算當下看起來好像免費，但日後也一定會回收代價。

不是每個廚師都是喜歡看到別人享用美食的表情，才去當廚師的。不是每個老師都喜歡教育英才、喜歡看見學生學到知識的樣子，才去當老師的。

大多數人從事某個職業，只是基於自己的一點長才與選擇，為了討生活才去做的。畢竟每個人都要生活，討生活一點都不丟臉。做什麼能賺錢就去

做，只要不傷害人，或許多少還能盡點社會責任，幫助別人。

這樣的人是值得尊敬的。

反觀某些人，滿嘴為別人好、為別人付出，以情感壓力作為武器，一邊說愛你一邊逼著你也要有同等的回報。總是一副楚楚可憐貌，以無私弱者的姿態在社會上寄生，糾纏那些心腸不夠狠、不忍拒絕的人，不斷以付出來脅迫對方就範，一步步將其拖入愧疚感的深淵裡；甚至還會動用群體壓力，向周遭親友訴苦自己付出了多少，要對方負責。

要是有聰明人看穿了這種技倆，他們的絕招就是眼淚與哀傷，四處哭訴，開口就是：「我為他付出那麼多！」若是被分手了，還會憤怒的說：「他憑什麼拋棄我？我這麼努力付出！」

此時不免會有人給予安慰，而這類人就會開始細數自己做過的每一件事，每一個付出他都記得，因為這就是他的心血結晶，他完全只在意自己做的每一件事，然後完全不記得別人的付出。

誰說你沒有毅力的

單身這事你不就堅持了好幾十年

男女之間一定有純友誼

每一個我認識的女生

都說最多只能跟我當朋友

畢竟，這種人從頭到尾完全就只愛自己啊！

只活在自己的世界裡，只看見自己的付出，並以此要求對方也要有同等付出，否則就是不夠愛。

居然還有人會安慰這樣的人：你要多愛自己一點。甚至還有人出版鼓勵人們要多愛自己的各種書籍，讓這些只愛自己的人更理直氣壯了，因為裡面全是讚揚他們付出的故事。

這不是天底下最大的笑話嗎？

4

你根本不是暗戀，
只是愛上癡情的自己

要說這世上最浪費時間的感情，就是暗戀了。

大家或多或少都聽過這樣的故事，某某某暗戀誰好久了，好癡情好浪漫喔。

這根本就是犯傻才會做的事。

我暗戀錢好久了，錢也不會理我喔，而且幹麻理我呢。

要說暗戀很純情很癡情，完全是癡人說夢。沒能力追求的人只能暗戀，才會美化這樣的行為來安慰自己。

有一種愛叫放手

當你能不再依靠雙手

代表是找到愛了

暗戀常發生於學生時期，小男生小女生不懂得男女之間該如何展開行動，在情竇初開的年紀只能默默守護對方。但更根本的問題或許在於，我們一點都不鼓勵孩子們誠實面對自己的感情。

不敢面對自己的感情，又看不清自己的能力，於是在這模糊之間害怕後悔，只好用暗戀的方式來隱藏。

學不會放下這段不可能的感情，癡癡的傻望著，好像心意就能化作努力，好像暗戀就能讓自己變帥變有錢了，期待對方某天發現自己的用心，暮然回首，我就在這傻傻的等你。

結果對方就結婚去了。

拿暗戀包裝自己的幻想，就像是對著成功的幻影，來美化自己的無能而已。

大多數的暗戀，都是喜歡上比自己條件好太多的人，明知自己配不上對方，但又不想死心去追求條件比較差的人。

這是可悲的。

暗戀多年終於有成果的，通常是被暗戀的那一方經過歲月，條件開始慢慢下修、或者你的條件慢慢提升，兩個人終於有交集點了，多年的暗戀才能修成正果。

或許你心中的女神，經歷許多感情的創傷，也開始年老色衰了，此時你功成名就，當然就可以順理成章的接收女神的下半輩子。

也或許你的男神變胖變醜，工作不順日子也過得不太好，這時候你就有機會包養他，成為他的支柱，讓他沒有你活不下去。

這樣的勝利，也是值得鼓勵的，但卻不是每個人都熬的過。

多數的暗戀，就是浪費時間而已。把自己的心情綁在另外一個人身上，錯失了身邊的許多機會。

既然短期內也配不上對方，不如把這時間拿來好好地提升自己的條件，或著乾脆跟其他人在一起還開心許多。

只有擁有隨時交男女朋友的能力
和許多備胎的人
才可以說自己在享受單身生活

你單身根本就沒生活

當你覺得自己很癡情，不過就是很白癡而已。

因為你不是單純只喜歡對方，更多的是愛上自己這個傻瓜，就跟「愛自己」一樣，只為了滿足自己付出的心情，然後期待對方有一天會看到你的付出，受到感動。

會相信這種事的人，跟相信努力一定會有成果的人一樣的傻。

人生不只是靠努力，感情也不只是靠努力。

你再怎麼努力，還是不如別人的臉力跟兩粒。

PART

8

負負得正的奧義

1

自殺太正能量了

很多人覺得負能量只會讓人消極與悲觀。但自從我開始經營負能量粉絲團之後，我一直在表達一種有關生命的態度——活得久比活得好更重要。

我鼓勵苟且偷生，因為活著比什麼都重要。

我鼓勵一直有意識的活著，生命的意義在於意識的存在，不論用哪一種方式存活，不求活著的意義，只求活著的意識。

有些人在看見人生的殘酷現實時，會覺得生命這麼慘，到底活著幹嘛？甚至時不時的會覺得自己活著沒什麼意義，早點死一死算了。

但自殺太正能量了。

做個愛笑的人

其實更容易受傷

你總是笑

別人就覺得怎麼傷你都沒關係

今天解決不了的事

別著急了

因為明天也解決不了

會覺得生命沒有意義的人，就是被正能量給迷惑了，覺得生命一定要有意義、一定要找到自己活著的意義，才可以活著。

所以很多人一旦覺得自己過的是失敗的人生就該死，就不該存活於世。許多自殺的人，都是覺得死了就一了百了，想靠自殺來解決所有問題。

但是，為什麼要解決所有的問題呢？

誰告訴你一定要解決問題？誰告訴你一定要活得精彩、活得成功才叫生命呢？生存本身就是一種成功。

很多問題，根本不需要解決。很多東西，失去也沒有關係。

失戀沒關係，反正又不是第一次失戀了，你以後多的是機會。

考不上大學沒關係，反正念大學也是浪費錢，不如趕快學個技能賺錢去。

被裁員沒關係，反正要嘛是公司快倒了，要嘛你混那麼久被發現也是應該的，去擺個路邊攤感受一下人情冷暖也好。

揹債欠債沒關係，反正要錢沒有命倒一條，慢慢還就是。如果債主等不及，那起碼也是他殺而不需自殺。

人生很多問題，根本不需要解決，也不用想要一次解決。你能解決今天的便秘問題就很厲害了，還想要解決什麼大事？

想要一次解決問題，也太正面了吧。

並不是一定要追過其他人才能生存，想想沒有我這麼大的墊腳石別人還站不穩呢！沒有我落後哪來別人的領先？我日子過的去就好，這也是一種人生。

為什麼一定要積極向上，非出人頭地不可呢？你想解決的問題，大多數都會隨著時間解決的，不必想著要一次解決。

人生不需要希望也能活，不需要意義也能活。看似悲觀與消極，只是因為別人都太樂觀太積極了。

整日爛軟在地、嘻嘻哈哈，但只要每天能繼續看到明天的太陽，就是成功

我們常常低估了自己的影響力

沒有你這麼大塊的墊腳石

別人還無法站得那麼高呢

人生很多事

終究是會隨著時間好起來的

像很多人原本只是胖

久了就變好胖

了。若能活到九十九歲比誰都活得久，在仇人的墳上尿尿，這也是一種成功。走到最後的才是贏家，最晚吞下一口氣的才是成功人士。

人生不一定有趣，但活久了，看的鬼事越多，真的會越過越有趣。

曾經看過一個八十歲的老阿公，玩著平板裡的遊戲，兩眼放大全神貫注。遊戲輸了他懊惱，贏了便露出笑容皺起眼角，跟一個國中生沒兩樣。

每個時代都會出現有趣的新事物，又何必去在意自己活得精不精彩呢？這世界的精彩，要活得夠久才能看到，你只要努力生存就好。

說不定哪天真的會有外星人來攻打地球，難道你不想親眼看看外星人長怎樣嗎？

生存，才是真正的人生意義。

活著，本身就是一種成功。

2

你應該在意別人的批評

批評是需要勇氣與觀察力的。

所謂的批評，不是污辱的謾罵，也不是只說出顯而易見的成果。

像是說人好醜，這不是批評，只是說出事實。真正的批評是要說出他為什麼醜，像是臉左右不對稱、鼻子太小、嘴唇太厚又歪、兩頰顴骨太高、眼袋太重、眉毛太細，整個人長的很不均勻，所以很醜。

罵人不難，但批評很難。

很多人以為的批評，只是說出評價的結論而已，根本不到「批」和「評」。

罵人不用講道理，但批評要有理有據。

現在說人醜有比較委婉的說法

長得畫質太差

辱罵很爽，可以發洩情緒，但批評卻需要更多的勇氣，畢竟沒有人喜歡當討厭鬼。說出真相是會引來殺機的，但有時我們就寧願揹負這樣的風險，也要出言批評。

這不是為了什麼一時的爽快而已，若只求爽快，直接丟一句髒話就好了。

批評者比起純發洩者，一般來說，在背後都有更深層的目的。有些人想藉由批評獲得名聲與利益；有些人是道德感作祟，看不慣某人招搖撞騙；有些人則是天生戰神，看到什麼事都想開戰。

不論是哪一種，他們都必須為了這個目的，努力讓批評變得有理，不然誰會想看純粹發洩的內容呢。

很多人被批評時都會得到一種安慰，我稱之為「鴕鳥正能量」。就是那種不看不聽，要你好好做自己，不要在意別人怎麼想怎麼批評的正能量鼓勵。比如說：

「你做得很好啊，何必在意別人的批評。」

「你已經很努力了，做自己比較重要。別人不懂你的付出，別管他們。」

「只有你知道自己的價值，不需要別人來評價。」

每次看到這些言論，就忍不住想敲敲他們的腦袋，哈囉，裡面有人嗎？就是做得太糟才會被批評啊。

你的價值根本沒有人在意啊，每個人都覺得自己值一億，但誰會買啊？以為自己是歷史古物喊高價喊爽的嗎？

人們未必都是吃飽沒事閒閒要去批評你，其實大多數人根本沒空理你。你做得爛，大家通常懶得出聲，連理都不想理。

網路上一堆人每天說一堆話，發表一些高見，有誰理過他們嗎？ YouTube 上一堆影片，許多點閱數只有幾百人甚至幾十人而已，而且完全沒有人留言。大家都忙著做事，誰有空看你在做什麼，費心找出你的問題，然後還要冒著被討厭與造口業的風險，說那些不中聽的話。

若真被批評了，難道不該好好看一下自己到底做了什麼嗎？

一個人可以一直天真的生活

必定是另一個人用邪惡的代價換來的

大部分誇獎你的人，都不是真心的。不過是想擺出好人的模樣，然後隨口說幾句客套的讚美，來顯得自己好像很善良而已。許多人根本打從心裡覺得你很糟，但還是要跟你說：「加油，你做得很好。」

畢竟，讚美的話不會有人計較真假，開心就好；但批評的言論，就會被仔細檢視到底有沒有道理。真相永遠是殘酷的，但我們卻忍不住要討厭那個說出真相的人。

如果大家真的都活在你好棒我好棒的世界裡，那這個世界就不會有災難了。但事實上，就是那些虛偽的善意指引了通往災難的道路。

對一個沒有繪畫才能的孩子，說他畫得好棒，要他繼續努力，害他浪費了好幾年去畫畫。結果當然還是畫得很糟，被社會打槍之後才發現自己也沒有其他技能了。

對一個沒有音樂才能的孩子，說他唱得不錯，要他繼續加油。結果，等他長大和朋友去唱歌時被笑了，才發現自己根本是胖虎。

我們要鼓勵別人嘗試，但不是鼓勵他們做傻事。

國王沒穿衣服你可以選擇不出聲，這種勇氣本來就不是每個人都有。但當有人指出時，你可以默默點頭或無視，但你不該還假意的說：不會啊，國王穿的衣服其實挺好看的，他在做自己嘛。

而我們活在群體中，就要有被批評的心理準備。表現好得高分，表現不好，連同情分都不該有。

只是一味害怕被批評的人，心裡容不下別人的意見，只會活在自己的假象裡，享受虛假的讚美，不願正視自己表現不好的事實。這也是為什麼，某些人的日子會越過越糟。

你的自信心如果這麼脆弱、這麼害怕被打擊，那這樣的自信根本沒有存在的價值。

當你知道自己有多醜，別人說你醜時你會點點頭，對，我醜但我有錢啊。

當你知道自己有多窮，別人說你窮時你會點點頭，是啊，我窮但我交得到

女朋友啊。

你應該最清楚自己的條件，如果能對自己的條件有自信，也就能直視那些批評了，而不是拿「做自己」或著「我很努力」來當擋箭牌。

沒有人在意你努力多少，大家只想看你做到多少。

3

負能量讓你成長

還是要說點有用的東西，本篇最適合成功人士閱讀了。

負能量的認知，在我的人生中是很重要的一件事，我慶幸自己從以前就成功的正視負能量的存在，並且將這份精神運用在生活之中。

現在，我就要教你，如何運用負能量成長學習。

如果今天你看到了負能量，或產生了負能量的感受，首先，把這份感受寫下來。

建議用紙筆寫下，貼在你的桌前，好好看著這幾個字。心裡開始思考，究竟這個負能量是為什麼產生的？

所有的情緒，都受自身的條件所影響。所以如果你覺得這個感受是因為他

人的行為，你要思考的是，自身的什麼條件會讓別人有這樣的行為？

看到一個正妹不接受自己的感情，是因為自己太醜還是太窮？是自己說話不好笑又或者她根本就有男朋友了？

看到同事搶你的功勞，你要想是不是自己太軟弱、看起來很好欺負，還是那個功勞本來就不是自己的，只是我們誤以為自己很有用而已？

想想自己，看看別人，你會發現原來自己有許多不足。

這些根源，就是負能量的由來。如果你已經很強大很厲害，那負能量就跟笑話一樣而已，一點都不值得在意。

所以，先反省自己。

反省完之後，如果還覺得自己真的很完美，這次真的是別人的錯——比如說，自己停車等紅綠燈好好的，偏偏有人跑來撞你——這種時候，就要記得抱怨。

心中的不滿，累積在心裡是會內傷的。要好好抱怨。男女朋友就是這時候

其實我相信人有無限可能

因為再萬無一失的簡單事

還是會被我搞砸

最好用了，沒有的話，趕快趁機打電話給好兄弟好姐妹聯絡一下感情，再不然就貼到臉書吧，討拍一下。

但要確定真的是別人錯。

抱怨完了，你會發現心情爽多了，討拍完的情緒超棒的，然後就可以吃點好料，把剛剛的事情拋到腦後了。

透過這般先反省再發洩的過程，你會發現自己很快樂，很順利，沒什麼包袱，可以把心思放在思考如何多賺點錢、如何追到喜歡的女生、如何度過每一個平凡的日子。

你不必把煩悶積在心裡。如果是因為自身條件不足，煩悶也沒有意義；如果是別人的錯，你也發洩夠了，不會累積。

透過這樣的循環，你可以安身立命，在自己的舒適圈待得很舒服，不用整天焦慮，為不存在的煩惱擔心。

這個方法，在我考大學與工作時特別有用。考不上就反省自己沒認真或腦

袋不好，粗心大意就抱怨一下，反正也來不及了；工作被罵就反省自己做不好能力差，同事太糟就跟家人抱怨，反正我不想也不能改變他人的人生。

我們不必對別人的人生負責，只要對自己的情緒負責。因此，讓負能量成為你發現問題的源頭，你就能透過這樣的方式成長，並且比別人更強大。

因為你在真實世界裡成長，別人卻是在假象中以為自己有成長。

讓負能量成為你成長的基石，絕對領先別人十倍以上！現在，就把粉絲團打開，好好的學習成長一番吧。

⋯⋯

⋯⋯

⋯⋯

對了，這一篇我完全是唬爛的。

有些人覺得

穿黑色衣服會看起來比較瘦

我只想說

你會覺得黑山豬比較瘦嘛

4

負能量教你好好愛♥

我其實還滿喜歡看兩性文章的，當成笑話看還不錯。

看到別人給的愛情建議總是很有趣，有點像是一些分析師給大企業的建議一樣，要是真那麼有用，那這世上就沒有公司會倒閉了。

不過在這裡，我也想給大家一些有關愛情的負能量建議。

第一，不要想辦法溝通。

許多兩性作家最喜歡說，要學會傾聽，要認真溝通，要仔細聽對方說的話。

我說，溝通一點都不重要。當你越想溝通，就會越期待溝通帶來的改變。但人有可能因為這樣就改變嗎？不可能嘛。

你會這麼在意溝通，就好像你相信市長信箱真的有用，相信總統信箱總統真的會看到一樣。

溝通一點用都沒有，不要想辦法溝通。

把時間花在溝通上，不如花時間讓對方看見你對生活的認真，用行動來表達你的重視。

看看那些很擅長溝通的人，通常當初也是因為很會說話所以才拐到你。每次溝通前，他可能先給你一個擁抱，兩人坐下來，他開口第一句話就是：「寶貝，對不起，是我的錯。」

你看，一聽到這話開頭什麼態度都軟了。再看看他的眼神，這麼誠懇這麼認真，好像這次真的會改過，好像真的有把你說的話聽進去一樣。

於是你相信了，覺得這次溝通真有效，感覺良好。

對，溝通最大的效用就是讓你心情變好。但是對現況一點幫助都沒有。

以前談戀愛

都是躲起來兩個人甜蜜

現在談戀愛

是先告訴大家我們要幸福

溝通完了，你會發現他還是不去找工作，還是在家打電動，還是在外面把妹，還是跟那個女生繼續搞曖昧，直到被你發現，你們再開啟下一次溝通。

溝通一點用都沒有，不要再想辦法溝通了，直接去做點事吧。

感情為什麼可以長久，就是因為男人的廢話沒有那麼多，女人也沒有那麼愛溝通。像老一輩人，遇到什麼事說兩句，男人當下一言不發，隔天就會看到他一早出門，晚上拿錢回來給孩子去上學；做錯事的，直接點出問題，會改的就是會改，不會改的就算了。包容就是這樣來的。

溝通某個程度上不過是用說話代替行動，好像多說幾句就能改變問題一樣。

第二，不要一直傾聽。

傾聽跟溝通類似，但傾聽有個更重要的魔力。

就是有人聽你說話，會讓你覺得很爽。你看一些老人就知道了，被傾聽，感覺就是被重視了，會覺得事情有了轉機。

但很可惜。爽歸爽，對問題一點幫助也沒有，而且這種爽度還會讓你不小心忽略了問題。你以為傾聽了他的心聲，就是真的瞭解他了嗎？

大多數人說出口的，並不是內心真正想說的話，而是說對方想聽的話。我們都是看什麼人說什麼話，面對不同的人，就轉換不同的口吻與內容。

傾聽的目的，是瞭解對方的需求。所以當你不斷傾聽對方的需求，即使不可能滿足這些需求，但你會讓對方有了期待與希望，好像你都有聽進去；但事實上，這反而會造成反效果。

像是男人說他真的很需要個人空間，你聽完後點點頭，但過幾天看到他打電動，又忍不住指責他都不關心你。他心裡就會覺得你莫名其妙，不是都已經說好了嗎？

明明聽歸聽，做歸做，但傾聽就會讓人覺得好像是種承諾。

如同政治人物說：「人民的聲音，我都聽到了。」這樣你會不會覺得這個政治人物好像可以相信？但後來真的都做到了嗎？不可能啊。

很多人談戀愛

是想找一個人來遮風避雨

之後才發現

所有的風雨都是他帶給你的

所以，不要去傾聽對方的需求，反而給了對方過多期待。

能做的就做，不能做的，連想都不要想。

第三，不要包容對方。

包容是愛情最大的毒藥。

人就是犯賤，把愛情看得太偉大，才會想要無條件的包容對方。

連你爸媽都沒辦法無條件包容你了，你還要包容那個沒什麼血緣的陌生人？只因為見鬼的愛情？

別傻了，找對象就要找你可以接受的人。他的一切優點缺點，你都要覺得可以接受，不會勉強，不需要包容，不會踩到你的地雷，這樣的人，你才應該跟他在一起啊。

重點在於，不要勉強自己去包容對方，愛情沒有重要到必須容忍一切。

太多人因為愛情瞎了眼，等到分手後，才發覺自己那段日子根本是鬼遮

眼。

有這樣的精神，還不如對工作瞎了眼，去包容所有工作與客戶的不是，反而會讓你更容易成功呢。

以上三點，就是我對愛情的建議。

當你堅持這三點，如果還能找到愛情……那就一定是真愛了。

5

人生就是這麼矛盾

書看到這裡的人，也算是厲害。我以為看到一半就會把這書給丟了。

因為如果你仔細讀這些內容，細心對照，就會發現其實有很多矛盾。

我嘲弄不努力又抱怨的人，卻又說努力沒什麼用。

我取笑嘴炮不付出行動的人，又說能力太差做也沒用。

我諷刺社會上的成功定義，看似要大家安於平庸，又常常說平庸的人壞話。

我要大家充份認命，卻又說盡才華的好話。

看起來，我這個人怎麼這麼沒有立場跟主張啊！

大多數人是看不起自己的平庸

又不想承認自己的妥協

所以才會去嘲笑別人的付出

來掩飾自己無能的事實

以前覺得誠實

是說出自己做過的事

長大才知道

誠實是找不到證據反駁的事

多數人比較少經歷戰場，卻一定會經過市場，人生就如市場。

我們的每一個條件，都有一個價格。這個價格會先由我們自己定價，然後再看看有沒有人願意買單，慢慢地去調整出適合市場的價格。

許多人則希望透過各種方式，來迷惑你的選擇，好讓他得到更高的價格，像是那些出一張嘴的「成功人士」，總是要一群人混在一起，讓你誤以為這一群人的價格好像都不錯。

我一直在說的，也就是這個道理了：認清自己到底是什麼產品，認清自己的價格。

當然人生不是只有一條路，你以前是吸塵器不代表你不能當吹風機，只是這個轉型你需要花點時間，不可能靠嘴巴說說就算數。

人生不是非黑即白，也不是真的有什麼立場跟主張，每個人的價值觀都建立在自己的認知上，隨著時間成長，你就會發現，這世界其實沒什麼好堅持的。

但事實上，人生本來就不是在講立場跟主張。只講你做的事，與做的結果。

你說什麼不重要，你做什麼才重要。

你做什麼的過程不重要，你做的結果才重要。

畢竟，失敗的成本很高，成功的收穫很少。

認命，是認清自己的條件，把生活中每一個微小的成功，累積成自己人生的完整。

努力，是拿自己的條件去嘗試，看看你的條件是否真如自己所想。

你覺得自己長得很帥，應該可以輕易交到女朋友，那就努力追看看，說不定你根本醜慘了。

你覺得自己很有才華，應該可以得到別人的讚賞，那就努力拼看看，說不定你根本誤會了。

你覺得你的人生應該不會這麼平庸，那就努力拼幾年看看，說不定你就會

對於人生許多重大決定
我都是靠著

算了管他的隨便啦

才能下定決心的

別輕易放棄你的夢想

要好好堅持下去

多年之後

才能證明你真的是在做夢啊

習慣平庸了。

把自己當成產品，努力就像廣告，可以把產品的優點告訴大家，但也會讓更多人知道這產品的缺點。

這就是為什麼有那麼多人會迷信「努力」的效果，並且崇尚努力的價值。就像許多老闆會認為，產品要賣得好，只要大打廣告就好了，因為他們都會覺得自家產品很好啊。

殊不知，市場才會決定產品的價值。如果真是好產品，大打廣告當然很好，即使不打廣告，好產品也會漸漸被人發現。

但如果是個很爛的產品，大打廣告不過是告訴大家你有多爛而已，你也會透過這個過程發現，原來自己的產品真的這麼爛啊。

有些人會反省，覺得是自家產品太差。有些人則會怪別人，說都是他們不懂我的好。

這就是市場，也是人生。

我們都是隨遇而安罷了。

那些堅持跟我說對錯的網友，或堅持從別人的人生中找出規律與方法，或堅持要找出這個世界成功公式的那些人，都只是被社會給迷惑的角色而已。

我不崇尚什麼成功，因為我覺得每天能起床就是成功了，因此我不鼓勵自殺這種太積極的解決之道。

人生太多矛盾了，選邊站本身就是很傻的一件事。我們只是不斷依照自己的條件，做出選擇而已。

有時候可以努力一點，有時候放給它過就算了。

一開始經營粉絲團時，其實我也是隨便做做而已。沒想到紅了，才努力點做。寫這本書，花了一點時間，同時也努力的拍影片、寫專欄，因為有人期待，有人支持，所以我努力一點來回應他們。

等以後沒人看了，再擺爛就是了。

我認真，也不認真。

因為人生這麼矛盾，大多數人又太過駑鈍、隨波逐流；順應情勢是最適合我們的活法。

至於改變世界──有機會就做，沒機會就給別人去改吧。

我想成為為你鼓掌的人

我曾讀過一篇文章，那是真正啟發我思想的文章，名稱是〈家有中等生〉。那是在我青春期時讀到的，剛讀完時，我覺得很感動，印象很深，但還沒有特別的體悟。

然後經過了考高中，考大學，我努力讀書希望拼個好學校，我努力追女生希望能交女朋友，我也耍帥，但不敢耍壞，我也叛逆，但不敢逃家，因為我會認床。

那時候我也有夢想，也幻想以後會成為了不起的人。如果運氣好，或許我35 歲就可以賺進千萬，45 歲就可以提早退休，成為成功人士。

在我大學時的某一天，我睡醒起床。前一晚剛跟同學們打了通宵的電動，

醒來時已是中午，我出門買了個便當，回到房間，我看著便當，愣著。

我突然覺得很難過，眼淚滴了下來。那時候，我好想打電話給我的父母，説聲對不起。

對不起，你們的孩子，可能只是一個平庸的人。

對不起，或許你們也曾經期待這孩子出眾不凡，但我知道，自己是一個很普通很普通的人。

對不起，我可能要辜負你們的期待，我可能在數十年後，也是吃著某份便當，在某家公司上班，每天領一點點的錢，就是這樣的一個在社會上普通的人。

普通的學生，普通的上班族，普通的男朋友，普通的老公，普通的爸爸，普通的平民。

我可能就是那個揹著二十年房貸，最後到了 65 歲還不知道能不能退休，在社會上過著普通帶點辛苦日子的那一個普通人。

我可能不會飛黃騰達，可能不會出人頭地。

對不起，望子成龍的父母，你的孩子即將平庸。

那時候，我又想起那篇文章。再看了一次，熱淚盈眶。

我再也不期待什麼成功了，我只想努力過好每一個當下。面對每一個人，都不去想什麼人脈，只在乎我們的相處能帶來什麼樂趣。面對每一件事，不想著成功，只想著完成。

我要成為一個普通人，為路過的英雄鼓掌。

那一刻，我終於認識我自己，充份認命了。

在這裡，我要感謝你買了這本書，謝謝你在這時候替我鼓掌。我不是人群中的焦點，現實中的我，是你看一眼就會忘記的人，是你在一場聚會中跟我交換完名片，事後看著名片就再也想不起我長相的那種人。

我不是什麼文壇新星，更不是文學大師，只是會寫點字，稍能思考，然後

默默靠著我的技能謀生，賺錢養活一家人而已。

我不是成功人士，更不是偉人，我只是一個認知自己將平庸一生的人，説些對於人生的體悟。

你可以覺得這是歪理，也可以覺得莫名其妙，但這本書談的，就是我們都會面臨的，這世界的種種惡意。

當然，或許你不會遇到這些惡意，那恭喜你，你的人生很幸運，你只需要注意自己有沒有散播這樣的惡意。

或許你已清楚感覺到惡意了，那也沒關係，你不孤單。只是別想靠著正能量去逃避這些事實。

我已經不覺得自己要為了出人頭地而拼第一，當我出生的那一刻，我已經出人頭地了，我不需要再被生出來一次，也不需要什麼重生。

我每天睡醒就是清醒了，不必再透過什麼勵志語錄來幫助我人生清醒。

不要變成你自己討厭的人

不然你就會變得又帥又有錢

如果我過的混沌，那也必定是我的能力不足以看清眼前的茫霧。

我將平庸一生，但努力抓住每一次機會。我沒有特別準備什麼，也不需要十年發一箭，因為我的人生一直都在射箭。

我依然平庸，並沒有因為粉絲團累積了一些人氣，就覺得自己變得不凡。其實我反而覺得大家和我一樣可憐，因為這社會沒有像樣的出口，於是只好湧入這裡。

我們都是可憐蟲，但你別擔心，不管你過得再差，都有我幫你墊底。現在你買這本書，是給我的掌聲，我謝謝你。收到你的錢，我會好好享樂的。

我會獻上我最真誠的祝福，真的很真誠，因為我有收錢，祝福你能成為英雄。到那時候，我會是那個坐在路邊為你鼓掌的村民。

恭賀你在人生的路上，能昂首而行，瀟灑走過這一遭。

負能量速效強心丸

Instant
NeEnergy Booster

戀愛不順，負負得正！

別人用保險套避免意外 我是用臉避孕	你單身很久 也別覺得灰心 上天正在為你準備 找一個特別糟的 需要比較久的時間	逛街時許多店家都會說 如果你是真的喜歡這東西 那我就再算便宜點給你 所以說真愛真是不值錢啊
現在的默默守候 就是在你背後玩手機不出聲	其實找哪個女朋友都一樣 都是一直在爭吵而已 差別是有些人吵的對象 比較漂亮	很多人覺得 網路上的感情很假 但沒了網路 他們也沒有多真
失戀有什麼大不了的 本來每個人遲早都會清醒 發現當初跟你在一起是錯的	很多人明明都有男女朋友 還是整天拜著男神女神跑 是因為自己配不上喜歡的人 只好勉強找個人湊和著	長得醜又沒錢 交女朋友也是有好處 起碼不會被騙財騙色

工作不順，負負得正！

常有人說
夢想要拼了命
才有機會達成

難怪我每天想下班
都這麼辛苦

現在比資歷不是說
我吃過的飯
比你吃過的鹽還多

而是我加班時數
比你上班還要多

總有那種
拍自己電腦桌面在上臉書

然後說自己好忙的人

身為一個
有尊嚴的專業人士

你可以污辱我的人格

但不能砍我的價格

明天又要上班
一想到有許多人跟自己一樣
要擠公車趕捷運
風吹日曬的騎機車

就覺得放心了許多

我是一個
很重視專業的人

所以才會不重視你

很多重要的事
用眼睛是看不到的
要用心去體會

像是我的年終

有一些人愛說
自己是腦力工作者
就是在告訴別人

他一動手就會搞砸事情

以前覺得讀書沒成就感
工作後才發現

自己只剩下
讀過書的成就感

醜胖窮笨，負負得正！

人生就是這樣 愛要找理由 恨要找原因 只有我無緣無故又胖了 找不到理由和原因	運動流的汗 有沒有可能是 脂肪情侶被拆散的淚水	你的帥雖然不明顯 但是醜卻很突出
很多人說抖腳會變窮 說得好像我原本有錢似的	其實長得醜沒關係 老天還是在乎你的 讓你笨一點 以免醜得不自然	對於食物掉到地上 不管有沒有三秒內 只要超過三十塊的 我就會撿回來吃
有些人天生就是引人注目 別人看見他時 都會再多看一眼 畢竟臉太大一眼看不完	有些人跳得高 不過是因為腦袋輕而已	窮真的能砥礪人心 你的窮能砥礪我的心

每天來點負能量——失落的壞話經典，負負得正的人生奧義 ╱ 鍵人（林育聖）著 -- 初版 .-- 台北市：時報文化，2016. 3；

面； 公分（人生顧問；230）

ISBN 978-957-13-6572-5（平裝）

1. 自我實現 2. 生活指導

177.2 105002707

人生顧問 230

每天來點負能量——失落的壞話經典，負負得正的人生奧義

作者　鍵人（林育聖）│ **插畫**　Eripo │ **主編**　陳盈華 │ **視覺設計**　陳文德 │ **執行企劃**　侯承逸 │ **總編輯**　余宜芳 │ **董事長** 趙政岷 │ **出版者**　時報文化出版企業股份有限公司　108019 台北市和平西路三段 240 號 3 樓　發行專線─(02)2306-6842 讀者服務專線─0800-231-705．(02)2304-7103 讀者服務傳真─(02)2304-6858　郵撥─19344724 時報文化出版公司　信箱─10899 臺北華江橋郵局第 99 信箱　時報悅讀網─http://www.readingtimes.com.tw │ **法律顧問**　理律法律事務所　陳長文律師、李念祖律師 │ **印刷**　華展印刷有限公司 │ **初版一刷**　2016 年 3 月 18 日 │ **初版二十七刷**　2023 年 5 月 11 日 │ **定價**　新台幣 320 元 │ 時報文化出版公司成立於一九七五年，並於一九九九年股票上櫃公開發行，於二〇〇八年脫離中時集團非屬旺中，以「尊重智慧與創意的文化事業」為信念。 │ **版權所有　翻印必究**（缺頁或破損的書，請寄回更換）

此書獻給我的太太，依萍
我是一個平庸的男人
卻有特別的妳陪伴著